徐宝璜讲新闻学

徐宝璜 著

百花洲文艺出版社
BAIHUAZHOU LITERATURE AND ART PRESS

图书在版编目（CIP）数据

徐宝璜讲新闻学 / 徐宝璜著 . -- 南昌 : 百花洲文艺出版社，2021.3
ISBN 978-7-5500-4078-6

Ⅰ. ①徐… Ⅱ. ①徐… Ⅲ. ①新闻学－研究 Ⅳ. ① G210

中国版本图书馆 CIP 数据核字（2021）第 003813 号

徐宝璜讲新闻学

徐宝璜 著

出 版 人	章华荣
责任编辑	胡青松
特约编辑	何 薇 叶青竹
书籍设计	刘昌凤
出版发行	百花洲文艺出版社
社 址	南昌市红谷滩世贸路 898 号博能中心一期 A 座 20 楼
邮 编	330038
经 销	全国新华书店
印 刷	三河市双峰印刷装订有限公司
开 本	880mm×1230mm 1/32 印张 5.25
版 次	2021 年 3 月第 1 版第 1 次印刷
字 数	100 千字
书 号	ISBN 978-7-5500-4078-6
定 价	79.80 元

赣版权登字 05-2021-17
邮购联系 0791-86895108

网 址 http://www.bhzwy.com
图书若有印装错误，影响阅读，可向承印厂联系调换。

《大师讲堂》系列丛书
▶ 总序

/ 吴伯雄

梁启超说："学术思想之在一国，犹人之有精神也。"的确，学术的盛衰，关乎一个民族的精神气象与文化氛围。民国是一个动荡不安的时代，内忧外患，较之晚清，更为剧烈，中华民族几乎已经濒临亡国灭种的边缘。而就是在这样日月无光的民国时代，却涌现出了一批批大师，他们不但具有坚实的旧学基础，也具备超前的新学眼光。加之前代学术的遗产，西方思想的启发，古义今情，交相辉映，西学中学，融合创新。因此，民国是一个大师辈出的时代，梁启超、康有为、严复、王国维、鲁迅、胡适、冯友兰、余嘉锡、陈垣、钱穆、刘师培、马一孚、熊十力、顾颉刚、赵元任、汤用彤、刘文典、罗根泽……单是这一串串的人名，就足以使后来的学人心折骨惊，高山仰止。而他们在史学、哲学、文学、考古学、民俗学、教育学等各个领域所取得的成就，更是创造出了一个异彩纷呈的学术局面。

岁月如轮，大师已矣，我们已无法起大师于九原之下，领教大师们的学术文章。但是，"世无其人，归而求之吾书"（程子语）。

大师虽已远去，他们留下的皇皇巨著，却可以供后人时时研读。时时从中悬想其风采，吸取其力量，不断自勉，不断奋进。诚如古人所说："圣贤备黄卷中，舍此安求？"有鉴于此，我们从卷帙浩繁的民国大师著作当中，精心编选出版了这一套《大师讲堂》系列丛书，分辑印行，以飨读者。原书初版多为繁体字竖排，重新排版字体转换过程当中，难免会有鲁鱼亥豕之讹，还望读者不吝赐正。

吴伯雄，福建莆田人，1981 年出生。2003 年考入福建师范大学古代文学研究系，师从陈节教授。2006 年获硕士学位。同年 9 月考入复旦大学中文系古代文学专业，师从王水照先生。2009 年 7 月获博士学位。同年 9 月进入福建师范大学文学院古代文学教研室工作。推崇"博学而无所成名"。出版《论语择善》(九州出版社)《四库全书总目选》(凤凰出版社)。

目录

自　序

　　新闻学乃近世青年学问之一种，尚在发育时期，余对于斯学，虽曾稍事涉猎，然并无系统之研究。客岁蔡校长设立新闻学研究会，命余主任其事，并兼任导师，余乃于暑假中，正式加以研究，就所得著《新闻学大意》一编，以为开会后讲演之用（此稿曾登客岁九月十月十一月三月份发刊之《东方杂志》）。开会后，余继续研究，加以会员之质疑问难，时有心得，遂将原稿加以修正，成第二次之稿（散见于客岁秋间之《北京大学日刊》）。今年暑假前，复修正一次，为第三次之稿，曾登于第六第七第八等号之《新中国》，此则第四次之稿也。

　　本书所言，取材于西籍者不少，然西籍中亦无完善之书，或为历史之纪述，成为一方之研究，至能令人读之而窥全豹者，尚未一见也。本书仍不完备，然对于新闻学之重要问题，则皆为有系统之说明，而讨论新闻纸之性质与其职务，及新闻之定义与其价值，自信所言，颇多为西方学者所未言及者。至其他尚未讨论之问题当续行研究，俟再版时再为补足也。

吾国之报纸，现多徘徊歧路，即已入迷途者，亦复不少。此书发刊之意，希望能导其向正当之方向而行，为新闻界开一新生面，至此书不当之处，自所不免，余甚希望高明者有以教之。

蔡校长对于斯学，热心提倡，余极感之，此书全稿，又蒙其亲自校阅一遍，尤令人深感。而会员诸君之质疑问难，亦有足启发余者，均附记于此，以志谢意。

一九一九年十一月十四日 徐宝璜自序于北京大学

第一章 新闻学之性质与重要

尝考各科学之历史，其成立无不在其对象特别发展以后，有数千年之种植事业，然后有农学林学。新闻纸之滥觞既迟，而其特别发展，又不过近百年事，故待至近数十年，方有人以其为对象，特别研究之者；研究结果，颇多所得，已足构成一种科学，不过尚在青年发育时期耳，此学名新闻学，亦名新闻纸学。既在发育时期，本难下以定义，姑曰："新闻学者，研究新闻纸之各问题而求得一正当解决之学也。"此虽稍嫌笼统，然终较胜于无。

新闻纸之各问题，可分属于编辑组织营业三方面。兹将各方面之重要问题，列举于下：

（一）编辑方面

（1）新闻纸之职务。

（2）新闻为何物，其价值如何决定？

（3）新闻于何处求之乎？应如何求之乎？

（4）新闻应如何报告于阅者乎？

（5）新闻题目，应如何构造乎？

（6）社论应如何编辑乎？

（二）组织方面

（1）新闻社之组织。

（2）各种通信社之组织。

（3）新闻纸之组织。

（4）新闻社之设备。

（5）新闻社社员之养成。

（三）营业方面

（1）广告如何可以发达？

（2）销路如何可以推广？

在教育普及之国，其国民无分男女老少，平时有不看书者，几无不看新闻纸者，言论行动，多受其影响。至对其记载，多所怀疑，对其议论，未肯盲信者，固不乏人；然其势力驾乎学校教员教堂牧师之上，实为社会教育最有力之机关，亦为公认之事实。自各国民权发达以来，国内大事，多视舆论为转移，而舆论又隐为新闻纸所操纵，如是新闻纸之势力，益不可侮矣。至其为祸为福，则视乎人能否善用耳。能善用之，则日本松本君平氏论新闻纸之言，并非虚语。其言曰："彼如豫言者，讴国家之运命；彼如裁判官，断国民之疑狱；彼如大法律家，制定律令；彼如大哲学家，教育国民；彼如大圣贤，弹劾国民之罪恶；彼如救世主，察国民之无告痛苦，而与以救济之途。"如不能善用之，则可以颠倒是非，播散谣言，无事生端，小事化大，败坏个人之名誉，引起国内之政争，扰乱国际之和平。推而极之，不让于洪水猛兽。美国各著名大学，近均设立新闻学专科，传输相当之智识，养成相当之人材，即因有见于斯学之非常重要也。

第二章 新闻纸之职务

"新闻纸"之名词，在英文为 Newspaper，在日文为"新闻"，国人亦简称曰"报纸"，曰"报章"，曰"新闻"，或曰"报"。其职务有六：供给新闻，代表舆论，创造舆论，输灌智识，提倡道德及振兴商业。而前三者，尤为重要。兹分别讨论之：

（一）供给新闻

新闻者，乃多数阅者所注意之最近之事实也。（其说明见次章）故第一须确实。凡闭门捏造，以讹传讹，或颠倒事实之消息，均非新闻。第二须新鲜，明日黄花之消息，亦不能认为新闻，盖新闻有如鲜鱼，鱼过时稍久，则失其味，新闻逾时稍久，其价值不失亦损矣。

以真正新闻，供给社会，乃新闻纸之重要职务，亦于社会有极大之关系。盖自民权发达以来，各国政治上社会上经济上之大事，多视其舆论为转移，而舆论之健全与否，又视其所根据之事实究竟正确及详细与否以为定。舆论之以正确详细之事实为根据者，必属健全，若所根据者并非事实则健全之舆论无望矣。新闻纸者，最能常以关于各种问题之消息，供给社会者也。舆论之根据，实在其掌握中。如以新闻相供给，则社会有正当之根据，自发生正当之舆论，诸事自可得正当之解决。若所供给者为非新闻，则舆论之根基既已动摇，健全何有？故新闻纸当力求供给新闻，既不可因威迫利诱或个人之关系，以非新闻而假充新闻，亦不可因一种关系而没收重要新闻，致社会无研究与立论之根据。

近人注意之事物，日益加多。新闻既为阅者所注意之事实，故其范围近亦较前扩大，且有日益扩大之势。新闻现不限于本埠及本国之要事也，自世界交通日便各国发生密切关系以来，他国之要事，亦为吾人所注意，故亦为新闻。此所以昔者美国威尔逊总统之病状，日有专电，登于各国新闻纸之重要新闻栏内也。又新闻现不限于政治上之大事也，即社会上之大事，亦为众所注意，故亦为新闻。此所以各国劳动团体之举动，见登于各国之新闻纸，而吾国自“五四运动”以来，学生界之消息亦为国内各报所十分注意也。故新闻纸之欲尽供给新闻之职务者，不可仅以登载本国政治上之要闻而自足也。

（二）代表舆论

代表舆论，亦新闻纸重要职务之一。西人常云："新闻纸者，国民之喉舌也。"国内各报出版时，其发刊词亦多曰"将代表舆论"，可见此职务，早为世所公认，不过"代表"二字之解释，今昔颇有不同。昔则仅为对于政府而代表国民之舆论也，今则又应对于世界而代表国人之舆论；昔则似仅代表国民而监督政府也，今则又应代表国民向政府有所建议或要求。新闻纸欲尽代表舆论之职，其编辑应默察国民多数对于各重要事之舆论，取其正当者，著论立说，代为发表之。言其所欲言而又不善言者，言其所欲言而又不敢言者，斯无愧矣。若仅代表一人或一党之意思，则机关报耳，不足云代表舆论也。新闻纸亦社会产品之一种，故亦受社会之支配。如因愿为机关报，而显然发表与国民舆论相反之言论，则必不见重于社会，而失其本有之势力，如洪宪时代之《亚细亚日报》等是也。

欧美各国之政府，大抵均重视舆论，一政策之取舍，一事之兴革，往往视舆论为转移，不仅于国会中求舆论之所在，且于重要新闻纸之言论中，觇舆论之趋向。即外国政府，亦复注意及之，因知其本国政府之行动，多少必受其言论之影响也。吾国政府，对于舆论，素不重视，且封闭报馆之事，时有所闻，遂致新闻纸为保存自身计，常不敢十分代表舆论。否则注册于外国政府，以博得言论自由，此诚为莫大之憾事！在政府固为不智，然新闻纸即因此畏首畏尾，置职务于不尽，亦为不可。盖为舆论殉，为正谊殉，本为光荣之事，况全国报纸，如能同起而代表舆论，则政府虽有意干涉，亦莫可如何哉。

（三）创造舆论

新闻纸不仅代表舆论也，亦应善用其势力，立在社会之前，创造正当之舆论，而纳人事于轨物焉。此种创造的职务，世界之大新闻社，无不重视之。我国戊戌以后上海发行之《苏报》《警钟报》《民呼报》等报，亦均注重创造舆论之报纸也。至创造之方法有三：一为登载真正之新闻，以为阅者判断之根据。群众心里，对于几件大事，常有一定之善恶判断，如营私舞弊，拍卖国家权利，均举世所谓恶行也。急公好义，举世所谓善行也，世如果有营私舞弊或拍卖国家权利之人，新闻纸只须将其劣绩，振笔直书，"和盘托出"，则舆论自必起而攻之，不待新闻纸之鼓动。二为访问专家或要人，而发表其谈话。多数国民，对于当面之问题，往往因其事属专门，或内容复杂，而无一定之主张。新闻纸应于此时访问专家或要人，征求其意见而公布之，以备国民之参考，正当舆论，常可因此发生。三为发表精确之社论，以唤起正当之舆论。编辑本自己之学识与热忱，细心研究各种应兴革之事，常著切实之论说，说明其理由与办法，以提倡之。初或无甚反应，然历时稍久，必能使社会觉悟，因发生正当之舆论，使应兴之事果兴，应革之事果革，然非编辑有纯洁之精神，高尚之思想，远大之眼光，不足以语此也。

（四）输灌智识

新闻纸之在文明各国，已成社会教育最有力之机关，在文化运动中，占甚重要之地位。故输灌智识，遂亦为其重要职务之一矣。为尽此职务起见，欧美大报，每日采集世界各处之正当新闻而登载之，如是阅者不出屋而可知天下大事。又对于教育，商业，科学，美术，特立专栏，请有专门智识之人编辑之。亦有于星期日，增加篇幅，登载专篇，或论政治，或讲学术，或纪最新之发明，或叙游历之见闻者。如是阅者破少许之工夫，即可得很多有用之智识。又设立问答栏，备阅者之质疑或请教，如其良友然。有人称之为阅者每日之图书馆，及贩卖智识之杂货店，诚确喻也。吾国报纸，近虽亦有对于世界各种之大事，为明了之记载，并介绍学术与思潮者。然多数则对于新闻，偏重本国政治之消息，事虽琐碎，亦多夹杂其中，对于学术及思潮，丝毫不为介绍。而香艳诗词、诲淫小说、某某之风流案、某某之秘史，反日日登载，此所以吾国之民智不进，而民德日衰也。

（五）提倡道德

新闻纸应立在社会之前，导其入正当之途径，故提倡道德，亦为新闻纸职务之一。使新闻纸素得社会之信任，则恶者因其劣行登载而受舆论之攻击，善者因其善行登载而受舆论之赞扬，虽不必发生严如斧钺，或荣如华衮之力量，然足以惩恶励善，则毫无疑义。至学术之介绍，思潮之输入，新闻之正当，均足使阅者注意于正常之事业，亦为事实。吾国报纸，虽无不以提倡道德自命，然查其新闻，常不确实，读其论说，常欠平允，往往使是非不明，致善者灰心而恶者张胆。更观其广告，则诲淫之药品，冶游之指南，亦登之而无所忌讳。甚至为迎合社会心理以推广销路起见，于附张中或附印小报，登载"花国新闻"香艳诗词，诲淫小说，及某某之艳史等件。且有广收妓寮之广告并登妓女之照片，为其招徕生意者。是不惟不提倡道德，反暗示阅者以不道德之事，既损本身之价值，亦失阅者之信任，因阅者将渐视其为一种消闲品耳。此于记者之道德，亦大有关系。因迎合社会，乃贱者之所为，与敲诈同为不德也。

（六）振兴商业

广告者，商业之媒介也。而新闻纸之广告，尤为有力。美国各大报，近对于广告，多采取廓清政策。既排除诲淫之广告，即虚伪欺人者，亦不收登。如是其广告，不啻商业新闻，深得社会之信任，商业因之颇为振兴。又聘请有专门智识之人，编辑商业专栏，登载金融贸易物价市况种种消息，既敏且详，亦足助商业之发达。各大报所以如是者，盖因认振兴商业，为其职务之一也。

综上所述，可见新闻纸之职务甚重，新闻事业，为神圣事业，新闻记者，对于社会，负有重大之责任。彼以颠倒是非，博官猎贿，或专以致富为目的而办新闻纸者，乃新闻事业之罪人也。

第三章 新闻之定义

新闻果为何物乎？余之答案如后：

新闻者，乃多数阅者所注意之最近事实也。

兹分别说明之：

（一）新闻为事实

新闻须为事实，此理极明，无待解释，故凡凭空杜撰闭门捏造之消息，均非新闻。彼因无采访之能力，捏登消息，以了责任者，或为迎合社会之恶劣心理，常捏登猥亵之新闻如某某之风流案，某姨太太或小姐之秘史者，或因受股东或津贴者之指挥，登载一种谣言以混乱一时之是非者，是为有意以伪乱真，其欺骗阅者之罪，实不可恕。

"报纸有闻必录"，此吾国报纸之一极普通之口头禅，且常引为护身符者也，其实绝无意义。因若信一二人之传说，而不详加调查，证其确否，径视为事实而登载之，将致常登以讹传讹之消息，且有时于不知不觉成为他人播谣之机械，此亦为以伪乱真，又乌乎可？即假定所闻者全为事实，亦不能尽行登载，因事实之非新鲜或非阅者所注意者，仍无新闻之价值。若"必录"所闻，则报纸之新闻，与街谈巷议无别矣。况新闻纸之篇幅有限，又安能"必录"所闻之全部耶？然吾国报纸，则恒引此不通之六字以护身符，对于所登之新闻，纵使错误，亦不负责任，因按"有闻必录"之原则，本无调查所闻确否之必要也。甚有于此六字之下，为达不正当之目的起见，登载消息，攻击他人之私德，不留余地者。此为吾国新闻界幼稚之明证，亦一亟应纠正之事也。

访员不仅采集新闻时，须审传闻之确否也；即编辑时，亦须谨慎据实直书。行文之间，既不可故意颠倒事实，亦不可随意穿凿附会，致与事实不符。编辑对于该新闻，如有意见，可于社论栏发表之，或于新闻之后，加以附注。切不可将意见夹杂于新闻中，迷惑读者，否则亦为以假乱真也。常见吾国报纸往往将原来五六行即可登完之新闻，"特别放大"加入许多意见，与利用社会弱点之议论，成一篇洋洋千言痛快淋漓之大文章。是证明其不知新闻为何物也，否则为有意剥夺阅者之权利。因只有事实，可成新闻。事实登载后，阅者自然自有主张。今将记者之意见夹杂在内，脑经简单不能识别者，无不被其迷惑，以意见为事实而失其主张之自由矣。即能识别者，须于长篇中寻出五六行之新闻，亦觉太不经济矣。此亦即应纠正者也。

总之，新闻与小说有别，须为事实，苟非事实，即非新闻，若登载之，是为假冒，不能因其登载遂谓之为新闻也。访员采集新闻，常遇困难，虽力求得事实，而所得者常非尽为事实，诚为实事。然谓求得真正之新闻不易，可也；因此谓非事实者亦为新闻，则不可也。

（二）新闻为最近事实

新闻固须为事实，但不必事事皆新闻也。自古迄今，世界内经过之事多矣，即一国所经过之事，亦指不胜屈，若一一皆为新闻，则报纸可登之材料将汗牛充栋，登之不胜其登。而历史书籍，均可视为报纸矣。然古人之事，人多知之，及于今日，交通便利，凡过去稍久之事，阅者亦多早已闻悉，不待报纸之登载。使新闻为此类已知之事，则无价值之可言。故新闻不仅为事实，又须为最近事实，为阅者所欲知而尚未知之事实也明矣。至过去已久之事，皆属旧闻，虽有多数报纸用之以塞篇幅，然不能因此遂谓之为新闻也。常见报纸登载旧闻，每先申明该事"虽为明日黄花，因其重要特补登之，以备阅者之考证"云云，此其自觉之表示也。或曰："最近之事，似不能包括一切新闻。"应曰：否，过去已久之事，附属于最近之事，而且登于新闻栏中者，是诚常有之事。苟无最近之事而附属之，则单独不成为新闻也。例如陆君建章自幼之历史，报纸在其为奉军副司令所枪毙时，可附于枪毙之事而登于新闻栏中。然苟无近事可附，则登于他栏（如杂记）可也。视为新闻而登之，则断不可也。或又曰，只最近之事可为新闻，然则近事概不为新闻耶？应曰，是当视其新闻之价值仍否存在耳。凡事均有其最近之一时期，如为新闻也，则此时价值最高，新闻纸应即登布之。设过此未登，逾时稍久，则其价值不失亦损。苟价值虽损而尚未全失，则事虽由"最近"而变为"近"，仍不失为新闻。若已全失，则不复为新闻矣。至"最近"之期限，当视一国之交通便利与否而后能定。在交通极便之美国，二十四小时以前之事，即成旧闻。在中国"最近"二字，现似不能如此严格解释。然非四五日以前之事，则又可断言。总之，一国之交通愈便利，则"最近"之期限愈缩短也。

（三）新闻为阅者所注意之最近事实

更近一步言之，新闻虽必为最近事实，然最近事实，不必一一皆为可登于报之新闻也。例如车夫张三今早忽得重病，是最近之事也。然除非张三之病为一种极可怕之传染病如虎列拉，即本埠之新闻纸亦不能视为新闻而登之。因注意张三之病者，充其量，不过张三本人及其家族，亲戚，朋友，其包车之主人，及其做对头之仇人而已；若阅者则鲜有愿闻其事者，报纸登之，殊无味也。使张三之病，果为虎列拉，则又不同，本埠报纸定可视为新闻而登之，因阅者虽不注意张三，然虎列拉之发生，则于己有甚重之关系，未有不注意者也。又如美国芝加哥城中，有一著名富翁，今午病故，是亦最近事实也。芝加哥之新闻纸，均登载其事，于新闻栏中。中国新闻纸亦可视为新闻乎？曰：否，因阅者既多素未闻其名，断不至注意其生死之事，报纸登之，殊无味也，但使此富翁于其临终之时，立一遗嘱，将其所有之财产，全行捐赠，以为在中国设一大博物院之经费，彼时中国新闻纸，又可视为新闻而登载之。因阅者虽原不注意此富翁之生死，但一外人捐巨资在中国设博物院之事，则未有不注意者也。且必因此，而注意其死时情状，并其在生致富之历史。

故使中国各报，如有通信员驻芝加哥，则该员可立时用无线电报告此事于本报，以备登载也。或曰，"注意"二字不甚妥当，且"阅者"之范围，亦形窄小，宜定新闻为与社会中人有关系之最近事实。应曰，否，请分别言之：事之与吾人有关系者吾人固甚注意，然吾人所注意者不限于与吾人有关系之事也，此层后当说明。故若定新闻为与社会中人有关系之事，则范围反较窄，现时许多可视为新闻者，亦不能视为新闻矣，故不如以新闻为所"注意"之事之为妥也。又"社会中人"四字，亦不如"阅者"二字之较适，因"阅者"固社会中之份子也。"社会中人"所注意之事，阅者亦必注意之，此理之当然者也。然阅者所注意之事，不必为全社会或其中多数人所注意也。例如国人之注意欧战之开始议和者，仅读书识字能看报之人。至社会中之大部份，则不注意。然欧战开始议和消息之为新闻，则无疑义。故谓新闻为阅者所注意之最近事实，范围实未见其窄小也。况定义仅以阅者所注意为至少之限度。若能得全社会或其中多数人之注意，则为新闻，更不待言矣。新闻乃至无定之物也，北京大学之事，北京大学中人深注意之。《北京大学日刊》之阅者，既几全为北京大学中人矣，故事虽琐微如评议会之选举，该报可视为新闻而登之。然他界人士，则不注意及此。使新闻须为社会中人所注意之最近之事，则大学评议会之选举，即该报亦不能视为新闻，然事实上岂如是哉？综上种种，可见新闻纸所登之新闻，不仅须为最近事实，且须为阅者所注意也。注意之范围愈广，则新闻之范围亦随之而广。

自交通日便，人类生活日益纷繁日益充实以来，吾人所注意之事物，已超过国界及政界，故现时报纸不仅应供给本国政治新闻及本埠新闻，即外国大事与社会上之大事，亦应有明了详细之记载也。

（四）新闻为多数阅者所注意之最近事实

最近事实之仅为少数阅者所注意者，当然不成为新闻，因此种事实甚多而且无甚价值也。必有多数阅者注意之，方成为新闻。若为全体阅者所注意则为绝好之新闻。然此种事实，不常见也，所以然者，因报纸之阅者，往往非属一类之人，其中学生，官吏，商人，政客，律师，医生，男女老少各色之人，莫不具有。彼此因性质学识地位种种之不同，所注意之事，遂亦往往不相同也。

此时有一事须申明者，即定义之意思，非谓最近事实，必须经新闻纸登载得多数阅者之注意后，方成新闻，否则不成新闻也。不过谓最近事实，非一一为可登于报之新闻也。记者于得到各种消息后，应先问其为事实否，为最近事实否。如为最近事实也，又应先按一定之标准，推定其为多数阅者所注意否，是则登之，否则应摈于非新闻之列也。至此标准为何，次章当详论之。

美国之 Collier's Weekly，有一期曾登十位报馆编辑对于"新闻"所下之定义（见 Mar. 18. 1911. P22），兹将其译登于后，以备考证。并以见多数新闻记者，虽能一见新闻，立时认识，然请其以简短之方式确当说出新闻为何物，仍非易事也。

（一）阅者所欲知之事，皆为新闻。

（二）事之为国民所注意者，皆新闻也。

（三）充分人数所欲读之事，若不违犯良趣味与毁谤律（Laws of libel），皆为新闻。

（四）国民愿谈论之事，皆为新闻；愈能引起议论者，则其价值愈大。

（五）新闻者，乃与阅者有关系，或为阅者所注意之各种事情，发见 Discoveries 及意见之正确的迅速的消息也。

（六）任何与公众福利有关之事，任何于个人之关系、活动、意见、财产或私人行为之中，引起个人之注意或与以指导启发者，皆为新闻。

（七）新闻乃种种经过之事情，并事情之默示（Inspiration）及结果也。

（八）新闻者，乃关于有人类注意之任何事情或观念之纲领事实，所谓有人类之注意者，即于人类生活或幸福有关或对之有一种影响也。

（九）新闻乃以国民为根据，且完全视其如何引起他人之注意以度量者也。

（十）新闻包括一时代之一切活动，而为一般人所注意者；能引起最多数阅者之注意者，为最佳之新闻。

第四章 新闻之精采

推定最近事实是否为多数阅者所注意之标准，曰新闻之精采。新闻之精采云者，乃足引起多数人注意某事实之物也。凡最近事实，有之者即可推定其必为多数阅者所注意，故为可登于报之新闻，无之者则可推定其必不为多数阅者所注意，故不成为新闻也。新闻学与心理学常发生至深之关系。新闻之精采，即吾人心理上之产物也，兹略举数者于后。

（一）个人之关系

吾人对于他人所感受者，虽往往漠不关心，然对于与己身有直接或间接的关系之事，即至微末，亦甚注意之，此人类之心理也。

故无论何种最近事实，凡与多数阅者发生关系，则新闻纸可推定其必为多数阅者所注意，而为可登之新闻。至其与多数阅者发生关系之处，即新闻之精采也。车夫张三之病，因与多数阅者毫无关系，故不成为新闻。使其所得之病为可怕的虎列拉，而阅者又多为本城之人也，则其病与多数阅者发生个人之关系矣。当地报纸，即可视为新闻而登之也。又昔时旅居京中之人，几无不直接或间接感受中交票价跌落之苦痛矣。使二行钞票有于某日一定兑现之消息，则京中人士孰不注意之。故为可登京中报纸之绝好的新闻，即全国人士，亦复注意及此，因此乃政府决心整理金融维持民困之表示也。故全国报纸，均可视为新闻登之。又一国之政治，与一国之国民，因治安担负、权利、信仰，种种问题，多少发生关系。故政治新闻，为一般国民所注意。此所以各国报纸昔均以政治新闻为中心，今仍以政治新闻登载最多也。

（二）人类之同情

阅者之所注意者，不限于与其有个人关系之事也，凡事之能得人类之同情者，虽与其不发生个人之关系，亦必为其所注意，故亦为新闻。至能引起人类同情之处，则新闻之精采也。此种事实之最普通者有三：

（甲）为人命之损失　世人对于他人之死亡，虽与之无关系，大抵表示同情故凡最近事实之为巨数之人命损失者，必为多数阅者所注意而为新闻也。死者之数目愈大，则注意之人愈多。故在此新闻之精采，即此数目也。昔者"江宽"为"楚材"所撞沉，数百乘客，同时葬于鱼腹，此为巨数之人命损失，故全国新闻纸无不登于重要新闻栏内也。

（乙）为财产之损失　财产之损失，与人命之损失同，亦能得世人之同情，而为其所注意。故最近事实之为巨额之财产损失者，记者亦可推定其为多数阅者所注意而为新闻也。至在此则财产损失之数目，乃新闻之精采也。前在《上海时报》中见其转译《字林西报》之新闻一则如后，其题目为《土耳其之大火警》：

土耳其之大火警

损失有数千万金之巨

流离失所者二十余万人

《字林西报》云云：五月三十一日君士坦丁（即土耳其京城）大火警，延烧至六月二日始熄。闻其起火原委，由于一吸余之纸烟失慎所致，火区长有三英里左右，毁屋五千余所，浴池两所，礼拜堂十余座，流离失所者有二十余万人，灾民中现患红疹流行病，困苦情状，不堪言喻，约计此次损失有数千万金之巨，诚世界未有之火警也。

夫多数之阅者，当未作君士坦丁之游，对于失慎地方之所在，均漠然也。今《字林西报》登之，而时报译登之者，因财产损失，既有数千万金之巨，又加以"流离失所者有二十余万人"之多，多数阅者纵素与土耳其毫无关切，对此火警，亦不免表示同情，因而注意也。若财产损失之事，发生于中国，则数目虽较小，亦必不失为重要新闻也。

（丙）为奋斗之精神　个人或团体之奋斗的精神，无论表出之方式为何，均能引起人类之同情而为其所注意。故最近事实之表示此种精神者，皆为新闻，而奋斗之处，即新闻之精采也。"五四运动"及"六三运动"之所以得世人之同情者，即因其富于奋斗之精神也。故其间发生之种种事实，各报均视为好新闻而登载之也。

（三）求胜之竞事

人类均有好胜之心，故对于各种求得胜利之竞争，不论其为国际的，政治的，商业的，或游戏的，莫不注意。此所以关于战事之最近消息，为绝好之新闻，即演说比赛或足球比赛之结果，各报亦争先登载也。罢工之举，各报多详细登载，亦因其为劳动者与资本家之竞争也。

（四）著名人物之姓名

又吾人之心理，对于著名之人物，虽素未谋面，而其一言一动，则均甚注意之。故凡最近事实之关于著名人物者无论巨细，新闻纸可推定其为多数阅者所注意而为新闻也。至此人物之姓名，则为新闻之精采，一经提出，即能引人注意此最近事实也。前在国内各报中，见有《黄陂潜心佛学》之新闻一通如后：

黄陂潜心佛学

读经不倦

黄陂自卸政肩后，即息影家园，杜门谢客。据其侍者云：黄陂每日除阅中外报纸，及驰马运动外，必手持佛经，熏香默诵，日无间辍，其澹泊明志，不慕荣华，人格之高尚，世人可师之也，近更遣某副官至京，赴琉璃厂采购藏经多部，以便浏览云。

夫手持佛经熏香默诵之人，不仅黄陂先生已也；而阅报驰马之人尤不计其数，今仅黄陂先生之事各报视为新闻而登之者，因黄陂先生为国中著名之人物，其行动为多数阅者所注意。而他人之行动虽同，但声名则远不及也。又曾在各报见宣统习英文孜孜不倦之新闻，夫能如宣统之孜孜不倦以习英文者，必大有人在，而勤奋过乎宣统者，或尚有人，是宣统之事本不足奇，且与阅者无关系，各报所以视为新闻者，当亦以其为著名人物耳。

（五）著名机关之名称

吾人之心理，不仅注意著名人物之言动也，即著名机关之言动，不论其所以著名者为何，亦均甚注意之。故凡最近事实之关于著名机关者，新闻纸可推定其为多数阅者所注意而为新闻也。至此机关之名称，则新闻之精采也。北京大学及安福俱乐部之一言一动所以现多见载于国内各报新闻栏内者，即因其为著名之机关也。

（六）事情之希奇

吾人所注意之事，不限于与吾人有关系之事，前已言之矣。凡事之希奇者，虽与吾人绝无关系，吾人亦注意之，此又人类之心理也。故凡最近事实如为昔日所未有而今日方有者，古人所不能而今人忽能者，或人人所不为而有人忽为者，新闻纸均可推定其必为多数阅者所注意，而为可登于报之新闻。至其希奇之处，即新闻之精采也。前在北京《晨报》紧要新闻栏内，见有《世界之最长寿者》之一段新闻如下：

世界之最长寿者

现年一百三十一岁

子女共计三十人

长子九十三岁……幼子才五岁

最近美国某报载美国铿达基州底列基新古敦市，有一位农夫名叫蒋塞尔，于本年九月三日过了第一百三十一回底诞生日。他于一七八八年在特昆州府讷资古司奇尔市出生，美国南北战争底时候，他已经七十岁了。十九岁底时候，同他底前夫人结婚，夫妇之间生了子女二十九人，长子年九十三岁了。当他一百二十五岁底时候，又同一位妇人结婚，又生了一位五岁底小孩。这位老农夫自从能够做工以来，没有一天有停过工作，这一次因为做一百三十一回底寿，才歇了一天没有做工，所以他不但是世界最长寿底人，并且也可以说是世界最勤勉底人。他底精神还是非常之好，同三四十岁中年底人没有甚么区别。听说他从今年起才报去买人寿保险呵！

夫此中所述之蒋塞尔，一不著名之农夫也。不独《晨报》之阅者，无一知之，恐即原登此段新闻之"美国某报"之阅者，亦少与彼相识者，故其事与阅者甚无关系也。但其"现年一百三十一岁"及"当他一百二十五岁的时候，又同一位妇人结婚，又生了一位五岁的小孩"之事实，则极希奇，虽不敢断其"绝后"，但敢必其"空前"，故《晨报》视为重要新闻而译登之，因知其必为多数阅者所注意也。若有更重要之希奇之事，如飞船飞渡太平洋，则注意之人更多而为新闻，更不待论矣。

美国 Mr. Dana 曾云："狗咬人，非新闻也；人咬狗，则为新闻。"此确言也。因狗咬人，乃常见之事，不足为奇。除非狗所咬之人为著名之人物，则断不为多数阅者所注意，故不成为新闻。至人咬狗，则向所未有之事也，今如有人实行咬狗，则多数阅者必注意其何以不以脚踢之，以棍打之，以石击之，而必以口咬之之原因，或且及其人为谁也。故"人咬狗"之事，报纸可视为新闻而登之也。上之所述，尚未尽新闻之精采也，凡最近事实，有之者即为新闻，否则非新闻也。记者对之，应有明确之观念，于各种最近事实中，应能立认孰有新闻之精采，且于编辑新闻时首先提出，以引起阅者之注意也。

第五章 新闻之价值

　　组织完备之新闻社，每日所得之新闻，常过于其报纸之所能登者。据美人某君言，纽约各大报每日弃置废字篓中之新闻，常三四倍于其实行登出者。夫同为新闻，一则被弃置，一则见登载，是何故欤？曰，因其新闻之价值有不同耳。新闻之价值云者，即注意人数多寡与注意程度深浅之问题也。重要之最近事实，自能引起较多人数与较深程度之注意，故为价值较高之新闻。次要之最近事实，仅能引起较少人数与较浅程度之注意，故为价值较低之新闻。例如京中各报之阅者中，其注意京中中交二行钞票于某日一定兑现之新闻者，必较注意《世界之最长寿者》《黄陂潜心佛学》《土耳其之大火警》等新闻者为多，而注意之程度亦必较深。因之前者之价值遂亦较后者之价值为高矣。故吾人可定一公例曰，取数新闻而比较之，其价值乃与其重要之程度为正比例。换言之，乃与注意之人数及其注意之程度为正比例。而最好之新闻，即最近事实中之能引起最多人数之最深注意者也。记者如遇新闻过多，不能尽行登载时，即按此公例而斟酌各新闻之价值，弃其价值较低者，而用其价值最高者。新闻之排列，记者亦多以此为标准，价值高者置之于前，价值低者登之于后。又新闻之编辑，亦应用此为标准。价值高者，可详为登载，价值低者，可简为述出。然不仅新闻之间，价值常悬殊也，即同一新闻，其仅值亦随时而异，随地而别。兹详论之于后：

新闻如鲜鱼，登载稍迟其价值不失亦损，前已言之矣。此盖因今日之事，在今日注意之人必多于明日，在明日又必多于后日也。故今日登载，则为较有价值之新闻，迟至明日，则价值稍减矣。又迟一日，则价值又减或全失矣。故吾人可下一公例曰：同一新闻，其价值与发生及登载相隔之时间为反比例。此相隔之时间愈短，则新闻之价值愈大，愈长则愈小也。为缩短此时间起见，欧美之各大新闻社，近多实行下列三种办法，即用敏捷传信方法，增加发刊次数与随时改版是也。

（一）用敏捷传信方法

传达消息，如赖书信，则远在数千里以外者，虽有轮船火车之便，非数日不能达矣。如赖口传则虽近在数十里以内者，亦非数时不能达矣。昔时之通信员多用书信以传消息于其报，而访员之探听一事，多须亲自报告。如是新闻之传达费时，而新闻之登载，遂亦不能不迟缓矣。今日各大新闻社则不然，其通信员多用电报及无线电，以报告外埠新闻。而本埠之访员得新闻后，多立用电话以报告之，由接电者编成新闻。如是昔之需数日数时方能传达者，今则数时内或顷刻之间即可传达而登于报矣。虽因此而费用稍巨，然新闻发生及登载相隔之时间可缩短矣，如是其价值遂大增矣。

（二）增加发刊次数

向时各新闻纸，一日之内，仅发刊一次，或为晨刊，或为夕刊。如是在报已发刊之后，虽接得新闻，均非俟至明日不能登载，因此新闻之价值受损多矣。各大新闻社，有鉴于此，近多于一日之中发刊数次，如为晨刊，则于发行晨刊之外又增夕刊，或更增午刊，晨刊发行后所得之新闻，即于午刊中发表之。又午刊发行后所得之新闻，即于夕刊中发表之。夕刊发行后所得之新闻，则于次日晨刊中发表之。于是在昔日虽有接到新闻后须过二十四小时方能登布者，今则至迟不过数小时矣。相隔之时间既因之缩短，新闻之价值遂因之而增进，纽约及芝加哥之大报，常日刊七八次，可谓极其能事者矣。吾国报纸遇最紧要之事，不及候次日登载者，虽亦发行号外，然远不及增加发刊次数。因号外仅登最大之新闻，而且记载常极简单，为用甚小，无大补也。

（三）随时改版

随时改版之法，即当登于晨刊、午刊或夕刊之新闻，编辑已了时，新闻社又陆续接到他新闻，其中如有不宜待至午刊、夕刊或次日晨刊发表者，于是将印刷中之版，取出一部之旧者，而插入新来之新闻。此法行后，新闻之登布，几可随到随登矣。相隔之时间既更为缩短，而所登新闻之价值，又因之增进矣。因此种种，在欧美之新闻界，"昨日"已成不祥之名词，访员均忌用之。即"今日"，亦嫌其笼统，多改用"今早""今午""今晚""方才"等字矣。

同一新闻，其价值不仅随时而大异，又抵地随而有别也，吾人所注意之事，大抵以一己为中心，渐推及于己所熟悉之人及事。故现虽处交通便利之世，所最注意者，大抵仍为本埠之事，及本埠之人。至外埠之人及事，则非有特别情形者，多不注意也。故往往一事，在本埠之新闻纸，则可登数栏，而在外埠则仅值数行，或甚至绝无价值而不值一登也。例如关于前所述之《土耳其之大火警》，土耳其之报纸，可将其失火之原因，失火时之情形，人命财产损失之数目，被害之重要人物及重要商号，各种善后之办法，详加调查，编为新闻，虽登万言，亦不为多。而火警所在之君士坦丁之报，尤可详为登载。此无他，土耳其遭此大火灾，其国人孰不深为注意，故为价值甚高之新闻，因之其纪载亦可十分详细。至吾国报纸，对于此事，则只能为简短之纪载。此无他，距土耳其过远，因之国人之注意此事者，并不甚多，即注意之，亦不甚强。换言之，此件新闻之价值，一到中国，因距离之关系，已大形减少，故只可简短纪载也。又前黎总统为中国全国注意之人物，故其"潜心佛学"之事，全国新闻纸均可视为新闻而登之。然欧美各国之人，多不注意其人，故欧美之报纸，未视其"潜心佛学"之事为新闻也。因此吾人又可下一公例曰，同一新闻，其价值与发生及登载相隔之距离为反比例。此相隔之距离愈短，则新闻之价值愈大，愈长则愈小也，为缩短此距离起见，美国各大报，近多有各地特版之发行。试假用上海《时报》以说明之。《时报》于其销行最广之长江各口岸，每一口岸，派一二通信员常驻之，专采集该地新闻，逐日报告。《时报》得其通信员之报告后，即将所报告者分为二起，如所报告者为九江之新闻也，则分为各地人士所注意者，与仅九江人士所注意者；各地人士所注意者，即价值虽因距离而稍减，但并未受大损失之新闻也。仅九江人士所注意者，即一出九江即无价值之新闻也。《时报》对于各地人士所注意者，自如常登载，然对于仅九江人士所注意者，则于《时报》篇幅中，特留一版以登之，名曰"九江特版"，此"九江特版"，只寄售于九江之《时报》有之，至寄售于安庆者，则有"安庆特版"，而无"九江特版"，寄售于南京者，则有"南京特版"，而无九江及安庆之特版，寄售于其他《时报》销行颇广之地方者，亦复如是。因此看《时报》之人，不仅可知外埠之重要新闻，且可知本埠之新闻，而不见外埠之无谓新闻。如是，《时报》所登之新闻，均为有价值之新闻矣。

第六章 新闻之采集

　　新闻纸所登之新闻，有为各通信社所供给者，有自他报转录者，有为他人所投稿者，余皆自行采集者也。为其采集新闻之人，大抵有三种，即采集本埠新闻之访员，采集外埠新闻之通信员，与采集特别新闻之特别访员。采集之后，复须加以编辑。自电话发达以来，访员与通信员探得新闻后，往往用电话报告于其报馆。"通信员用长距离电话"，接电者一面静听，一面即记出之，及至该谈话终了时，一篇新闻已成，略加修改，即可付印。以访员之职务只有采集而不必编辑矣。殊不知访员之报告新闻也，不能次次用电话，即用电话之时，不过未笔记耳，其须整理事实之次序，而以适当之形式说出之则一也。

第一节　新闻之分类

自采集方面言之，新闻可分为意内与意外二种。所有新闻社预知之事，如开选举会，运动会，演说会，纪念会等事，均为意内新闻。因何日开会，均事前宣布，新闻社之编辑，得一一记之于簿，每日开视之，即知当日有何事举行，可派访员届时亲去探听报告一切。新闻社每日确有把握之新闻，均此类也。至意外新闻，凡忽然发生之事，如遇险火警水灾等事，均属之。因此等事均突如其来，新闻社不能于事前布置，待知之而派人探听时，则事已过去矣。

第二节　新闻之略示

凡可以为采集之基础者，曰新闻之略示。例如新闻社之友人某君，于电话中报告闻某地失火，编辑得此报告后，即可派一访员亲至某地调查是否实有其事？人命财产损失若干及其他事实，而编成新闻。故某君之报告，新闻之略示也。访员采集新闻，大抵有略示以为基础，并非终日闲行于街市，逢人便问有无新闻也。谣言常为甚好之新闻略示，因访员以此为基础，详加调查，常得有价值之新闻。然调查之结果，亦有时证明谣言，仅为街谈巷议，或为他人有意之捏造，毫无事实上之根据者。故新闻社于未查得证据之先，切不可将谣言登之报上，如该谣言与他人或团体之名誉有关，尤应特别小心。因一经宣布，公众周知，或足败坏他人一生之事业，而令团体失其信用不能进行。以后虽能来函更正，或由新闻社申明错误，然终不能完全打消该谣言登载后所发生之影响，因人类大抵以先入为主也。吾国之新闻社，因以"有闻必录"为原则，对于略示与新闻，遂不加分别，此新闻栏中，所以常多无根据之纪载也。

第三节　采集之方法

新闻之采集者，乃将纪载某事之各种材料，集合于一处之谓也。世人因其邻居之事，彼因新闻纸之登载，方行知悉，如是有疑新闻社派有访员，埋伏各处，以待新闻之发生者。其实新闻之采集，不过一种完密组织之结果耳。若果如世人所疑，则访员之数，将与警察等，恐至富之新闻社，亦将因此而破产矣。

采集并非偶然之事，实有一定之方法，毫不纷乱，其法可大致分为二种，即日常探访与特别探访。新闻社之编辑，例将各种之新闻来源（其解释见第四节）分为若干区，每区由一访员担任之。访员须每日到其区内之各来源，少则一次，多则数次，翻阅文件，访问职员，以探听新闻或略示。遇有重要者，立用电话报告其编辑，使其得多派访员，分途进行。访员对于其区内，应负责任，不可让重要事实逃过而未加以注意。至其每日应到每来源之次数，及在每处停留之时间，则视乎在该处可指望得到之新闻之价值及数量而后定，此日常探访之方法也。

至特别探访之方法如下：由编辑备一略示簿，共三百六十页，一年之中每日均有一页。平时即将关于以后新闻之种种略示，列于此簿内相当日子之下。例如前国会于十月二十日通过一议案，责成中交二行于翌年五月一日，将二行京中钞票，一律兑现。除在当时为一极好之新闻外，编辑并可将此新闻之剪片，贴在翌年略示簿内四月二十日一页之上。编辑每日到馆后，即可翻阅略示簿，将本日一页上所登之种种略示摘要录出于一单上，附注拟派之访员，及自己之意见。当访员到馆办公或以电话报到时，即可以略示及意见相告。此特别指派之事，大抵与其本区有关。如是访员当其赴区内探访时，可顺便探听其特别指派之事。例如在四月二十日，编辑翻阅略示簿后，即可派访员之常往中交二行者，以前所述之剪片为基础，赴二行访问其当局者，叩其对于实行兑现议案之准备若何，及所拟兑现时之手续若何，而编为新闻。编辑于每日，必亦接得各种紧急略示，亦仿上法书在该单之上。如有访员在社，立可派其前往探听，否则待访员回社或由电话报告新闻时，再行指派。

遇重要事实发生时，编辑大抵将各访员应做之事，特定指定。以使该事之各方面，毫无遗漏。例如内阁总理定于本日由京到本埠某联合会演说，早至晚归，除赴联合会外，并有数处开会欢迎。编辑以此略示为基础可派一访员，专跟随该总理，自下车时起，至上车时为止，其职务在报告该总理在本埠之普通情形。又派一访员专报告政界欢迎会之情形，又派访员一人或数人报告其在某联合会之演说，如预推其演说为十分重要者，可用连环笔记法，记其全文。又派一访员专报告报界欢迎会之情形。总之，凡能想到之各方面而视为重要者，均预先安排有人，从事采集。（见附注一）

第四节　新闻之来源

新闻于何处求之乎？求之之处，曰新闻之来源。各公立机关如国务院，警察厅，审判厅，学务局，商会等处，各团体如学生联合会，各界联合会，华法教育会等会，均为新闻之来源。因不独很多消息，可以在彼证明其确否，且其种种登录，及纪载之可为新闻或略示者，亦复不少也。凡此来源，编辑宜派访员，日去探访，翻阅其所登录及纪载者，遇有为多数阅者所注意者，则检出而编为新闻。如有可疑之处，则宜仅视为略示而加以调查。遇有重要消息，立应报告其编辑，以便其能派出他访员，探听此消息之其他方面。发见必要时，可访问其中重要之人物如秘书。

至新闻来源之广狭，各地不同。在尊重舆论之社会，诸事取公开主义，新闻社及访员有已经公众承认之地位，故向各来源翻阅文件，访问职员，事均容易。但在轻视舆论之社会则不然，苟非访员个人之交游甚广，则此等来源，必仍多封锁，而非访员之所得利用者也。（见附注二）

第五节 因人访问与因事访问

新闻社之对于意内新闻也，应将其略示预先记之于一簿中，每日开视之，即知当日有何事举行，可即派员亲去探访，前已言之矣。使访员所须采集者，为此类新闻，则届时亲至其地，举目以观，张耳以听，从事采集尚属容易。所难者，访员探访之事，大半为意外新闻，即已过之事也。事之如何经过，不能亲自见之，如是访问之法尚矣。访员访问亲见该事之经过者，并设法使其说出事之原委。而此时访员之目的，又在求事实，此种访问，曰内事访问。除其所供给之事实外，所访问之人及其如何叙述之方法，毫不重要。故虽因此事访员曾见十余人，而编辑时，则不必提出其名或引证其语。此外尚有因人访问之一种，此时访员之目的，在得某著名人物对于公众所注意之某事之意见。在报登布时，亦申明此为某人之意见，至其意见之当否，则另一问题也。故访问实包括向人探听事实与征求意见而言也。

第六节　因人访问之法

因事访问，由来久矣。至因人访问，乃最近发明之事业，而现时甚流行者也。凡遇一重要问题或特别事故发生时，新闻社或新闻通信社，往往派访员向深知此问题或与事有关之人，征求其意见，而发表之于报上以饷阅者。兹述访员从事因人访问时应注意者如后：

（一）见面前之种种

因人访问，非易事也。初次欲见其人，常甚困难，著名人物，多极忙碌，无暇接见记者，亦有不愿见其意见登布于报，因而不愿接见访员者。故投刺求见，常无效力，最好之法，为请其素所亲密之人，作书为之先容，略述己之为人，品学兼优，性情稳健，以免其或存不信任之心。同时自己亦以一简单之函寄之，略称久仰大名，以无缘接谈为憾，今承某某先生介绍，极为欣慰，何时公暇，请即示知，以便趋谒云云。常例因情面关系，必得回书，约时往谈。此时访员切不可迟去。宁去早而稍候，因迟去，恐其或托词外出而不接见也。

访问之前，访员应预告计画所欲知之事，善为拟就问题分出先后，以便能引出所欲得之答案。若毫无准备，则人纵极愿谈话，或致谈论不重要之事，而重要者反未提及也。

（二）见面后之种种

既见矣，引人谈话，亦非易事，此中秘诀，为切不可引起其不快之感，并设法增其对于己之信任。信任之后，自肯多谈，否则所谈，非为不由衷之言，即为吞吐两可之语。访员切不可表示自己意见之与其相反者，以引起其不快之感。纵有表示之必要，只能以他人口气出之。被访问者，可分为三种：一不愿谈话者，二甚愿谈话者，三无甚意见可发表者。访员对之，应各有对待之方法。见第一种人时，访员最好先谈论其最近得意之事，以增其愉快之感，因世人多少终有一点虚荣心，亦此访员应略知被访问者个人之历史之理由也。然后设法归到所欲问之问题，使其人此时仍不愿有所表示，则访员宜申明己非以记者资格，乃以私人资格往谈，隐秘之新闻，往往于此得之。如无秘密之必要，事后可说明理由，要求登布；如不允，可要求登布一部分；如再不允，可申明登布时不提出其名；如再不允，则惟有践约而已。若用上述方法而仍不能得丝毫之表示，则访员惟有提出一直捷了当之问题，询其是否承认，以免毫无结果也。遇第二种人时，访员可立时提出所欲问之问题。遇第三种人时，访员宜以他人口气，表示各种意见，以得其赞否之表示。

访问既终，除有特别情形，与常见而相得者，可不询其能否发表外，否则应行问明，以示郑重。答此问者，约有三种：一请斟酌为之，二指定可发表之一部分，三嘱编就后与之一阅，俟修正后再行发表。访员对此应慨然允诺，不可使被访问者有为难处，致为来日求见之障也。

临别时，访员除对于此次谈话，表示极满足之意外，可要求以后时常往见，如不蒙许可，可要求定期往见，如再不蒙许可，可要求以电话通询，如尚不蒙应允，则不可勉强矣。倘承其允许以后可以往见，访员既得此"预约券"，则以后往见时，仅投刺足矣。其人既允许于前，大抵因良心之节制，不致拒见于后。电话访问，拒绝者甚少，因此本双方有益之事也。在访员可省往返之劳，及见面之周旋，而在被访问者方面，因外面发生于己不利之谣言，常因问明，遂未登载，亦觉甚有益也。谈话时，访员不宜用随记簿，立时笔记。因除少数人不因此而变动其谈话之自由与自然外，大多数之

人，一见访员，手持该簿，立觉其谈话非常重要，登布后将为众人
讨论之资，或竟小心而不肯多谈，或竟中辍而不复言矣。

（三）所应记忆之点

制稿时，访员以某事问，人以某事答，此种径情直叙之法，已
成死法矣。今法务在以谈话中最精采之处，置之于前，然后再从头
细述，并其人之身材服饰，谈话神气，及居处情形，夹叙于问答言
词之间，使枯燥无味之问对，成为有兴趣之新闻。故谈话之前，及
谈话时，对于其人之身材服饰等事，访员均应注意之。当其人谈话
时，访员宜倾注全神，聆其所语者何，其持论何若，无须逐字逐句，
一一强记。最要在得所谈之精意与谈者之情状，必甚关紧要之语，
警人之句，及恒引之口禅，始须牢忆原语。有关统计者，其数量亦
宜牢忆也。

（四）求制稿之迅速

访问时，不宜立时笔记，既如上所述矣。如是发生如何保留
谈话以待制稿之问题，欲解决之，除访员当有强健之记忆力，能记
所有重要语句之原文外，制稿亦贵乎迅速。故访问之后，访员应立
找一地方，将原文写出，然后从事制稿，以免时久渐忘之弊。若能

于访问之前，将原拟之问题，预先写出，另留余白，则访问之后，只须填写答案，更可俭省时间矣。

第七节　因事访问之例

上海某路，有一高大洋房，忽然失火，伤一人，某报得此略示后，即派出一访员，前往该处探访。然访员至该地时，已逾失慎之时三四时矣。访员此时所能见者，不过一堆灰烬瓦砾，几个看热闹之人，及房屋原为何种，并现烧至何度耳，其他非访员所能见也。藉与看热闹者谈话，或能知失火之原因，此房原作何用，及住者何人。既知住者何人矣，即往访之，藉与之谈话，大抵可知其所视为失慎之原因，财产损失之数目，房东之姓名，及受伤者为何人，现在某医院。既知受伤者现在某医院矣，即往访该院医生，叩其病状。又可往访其家族，询其职业及家境，又可往访房东以知房屋之价值，及保险费之数目。访员能会见住者及房东等诚幸矣，否则宜设法寻他人而问之。总之访员探访一事，时时发见引线，须顺此引线而深加追究，采访到底，至已得其所欲得者，或确信无可再得之时为止。若中途停止，或失去新闻中最重要之精采也。

第八节 因事访问之法

因事与因人二种访问所用之方法，大致相同。上所述因人访问之方法，均可引用于因事访问，其不同之处，仅有二点：

（一）因人访问所访问之人，乃由编辑指定，有时且设法为之介绍。至因事访问所访问之人，大抵须访员自行探知，且设法会见也。

（二）因事访问之后，编辑之前，尚有一番斟酌的手续，为因人访问所无者。因人访问，既重在某人对于某事之表示矣。故无论其当否，又不论某人之谈话，或全登，或仅录其要点，访员不能杂以己见，而谓为某人之意见也。至因事访问则重在事实，然访员当新闻发生时，既不在场，自然须依赖他人口传之言。但口传之言，因常人之观察力与判断力常不正确，遂每每彼此互异。访员应评量各人之言，如法官之断狱，决定何者并不实在，何者最为切近。如有怀疑之处，最好设法多问数人以证明之。然后将视为最切近者联络起来，以不偏不倚之精神，编一首尾贯串事情真实之新闻以饷阅者。例如在上述某处失火之新闻中，访员不能将各人之所告语者，先后全行登出。应先将众人口传之事实，仔细斟酌一番，如有不实不尽之处则删去之，有互相冲突之处，则调和之。有不相贯串之处则联络之，然后再行编制。故因事访问所产之新闻，大半为众人谈话之集合体也。

第九节　报告集会之法

报告各会开会情形之新闻，多系访员亲自采编者。有时亦由该会编就送来，如系后者，此时或全登或摘要，由编辑视其重要而定之。此外尚须为其造题，然均与访员无关也。访员报告集会之情形，较访问稍易，因会中之演说，访员可自由笔记，以备登载，不似访问时之既难见其人，尤难引其谈话也。

访员报告集会时，有应注意者如下：

（一）宜早到会场

访员宜先到会场，占一适宜之位置，近于主席及演说之地点，以便开会时听得清楚（如有新闻记者席，则此层自无问题），且可利用开会前之机会，调查集会之原因，并演说人与会中重要人物之姓名，会场之布置，如有特殊可记者，可于此时记之。又会场中如散布印刷品，或悬有重要文件，亦应于此时择有新闻之价值者记之。

如为无关重要之集会，亦可乘此时面见演说之人，叩其说辞之大要，或得其演稿，摘取要点，草为访稿，不必饫闻既竟始为之也。或面晤会中主席，略叩大概，据其所告及分散之秩序单，而编集会之报告，不必待其散会也。

（二）演说不必全记

会中之演说，除特别重要者外，报纸每因篇幅有限，仅能登其要点。故访员笔记演说，无须全录。宜用心静听，将演说之精意，其中惊人之语，与演说人再三申明之点，及其常用之口禅，照原语录下，归而编为报告，他可不记也。如此所登报告中之演说，虽较原文缩短，而大意仍存在也。

（三）编制宜迅速

报告集会之情形，访员虽能当时笔记，然所见所闻，未见能全记也。故仍宜迅速编制，以免或忘一二事实也。

（四）连环笔记法

如演说人为极重要人物，其一字一句，均有登载之价值也，此时报纸，不能专赖一访员，笔记其演说之全文，宜用连环笔记法，由一报馆派数访员，或数报馆各派一访员，以一人看时间，以数分钟为一次，其余访员，各得一号数。自第一号之访员起，笔记第一次之演说，如五分钟为一次也，则其所记者为第一次五分钟之演说，第二号之访员，接续笔记第二次五分钟之演说。照此类推，至最末之访员。如演语尚未完也，则复自第一号之访员起，每人每次五分钟，五分钟之后，即整理己所笔记者，遗者补入，误者改正，誊出正稿，交与次号之访员。此访员将己稿整理后，即接上号访员之正稿，誊出己之稿。如是演说完后，不久演说之全文，即可编就付印而发行，以饷未亲听演说，而又欲知其原文之人也。

如该会所预拟之宣言，或演说者所预拟之演稿，及似此之文件，能先期觅得，访员可交社中，预先排好，如是一至适当之时，即可宣布。此稿之上，应清晰注明何日何时可以登布。例如某名人将于某日午后二时在某处演说，使访员能于一二日前，觅得其演稿，应注明某日午后三时可以登布，交社中将其预先排就。结果为当日夕刊，即登有该名人演说之全文。此注明之时期，新闻社应严行遵守，不可先行登出，致令他人为难。若可登布之时期，尚未能确定，访员可注明"留待登布，约在某日"。以后一经确定，立即报告社中。

第十节　电话采集之法

电话现已成采集新闻之利器，不独访员常可藉电话通询以打听消息，或证明各种略示（谣言亦包括在内）之确否，且可藉电话以报告重要新闻之略示于编辑，以便其能立时派出其他访员，分途探听。且当访员无暇回社报告新闻时，彼可藉电话口授其于脑筋中所已编就之新闻于社中之阅稿人，由其笔录交于编辑，又编辑亦可用电话通知访员，令其特别探访之事。

第十一节　发展新闻之法

重要之新闻，常引起多数阅者非常之注意，以致新闻纸当时所能供给之事实，嫌其太少，不足以满足阅者之要求。彼时编辑可搜集与主要事实有关系之各种材料，如访问与主要事实有关之人，或访问与同样事实有关之人，或叙述从前所经过之同样事实，或将其与从前所经过之同样事实相比较。并将所得之结果，编为纪事，附登于后，此发展新闻之第一种方法也。例如前当航行大西洋之大商轮，名 Titanic 者，一次自美开往英伦，满载美人及其货物，忽撞于冰山之上，致被撞沉之消息，传到纽约时，阅者均极注意。大新闻社遂觉其所能供给之事实过少，不足以应阅者之要求，如是遂纪载昔时所经过之同样沉船之事，并编世界大船撞沉之统计，访问与沉船有关系之人，说明冰山与冰川，推测该船沉处之深度，叙述该船之内容。如是真正之新闻虽少，而有此种种相关之纪事，庶足以满足阅者贪多之要求，并助其明了此简略新闻之实在的意义。

此外尚有一种发展新闻之方法，即对于一事之他种新闻的可能，为继续之探听，探听当日因时间缺乏所尚未探听之方面，或探听登载后之新的发展是也。试述一例以明之，某日本城某小河中，发见一死尸，有伤痕，显为被人暗杀，后复被其投诸河中者。身着之衣服如此，面貌如彼，但尚无人能认识其人，当日所能视为新闻而登之者仅此。然死者与杀人者究为何人，暗杀之原因何在，均极可注意之新闻的可能也。访员应继续向各方面打听，陆续将所得者编为新闻，有时以后之所得者，反较以前所已登者，价值为大。此所以访员应每日于未去办公之先，将各报仔细看过，视其中是否有可发展而又与本区有关者。

第十二节 特别新闻之采集

凡需专门智识及经验以采集之新闻，曰特别新闻。欧美各国之大新闻社，对于此种新闻之采集，不责于普通之访员而别请特别访员以任之。例如其报中之商业一栏，登载金融贸易市况种种消息，既敏且详，商业中之阅者，欲知股票之涨落，市价之升降，均可于此中探取消息。吾国报纸，虽亦附有商情一栏，然简略迟滞，不能与之同日语矣。所以然者，即因欧美各国之新闻纸，用特别之访员，其专门之智识及经验既深，故其采集之本领亦高。而吾国新闻纸，用以采集特别新闻者，仍为普通访员耳。

第十三节 访员应守之金科玉律

访员采编新闻时应守之事项，兹列举于后：

（一）访得新闻，访得所有之新闻，切勿视谣言为事实。

（二）如为探访重要之新闻，顺每一引线而追究到底。

（三）新闻之有价值与否，当自为裁夺，不当信谈者之褒贬。

（四）敏速办事，但勿乱忙。

（五）不可因求速而致粗心或不正确。

（六）切不可空手归来，应设法访得所被派探访之事。

（七）有请勿登载某事者，宜答以最后之决定，权在编辑，不可轻许之。尤不可受贿，为他人隐藏。

（八）应设法使自己熟悉城中各处，尤应熟悉本区内之各地方。

（九）本区内之各新闻来源，切不可一日不去。

（十）应与因职务而相接洽之人为友，使其对于己之事业发生兴味，而愿助己采集新闻。

（十一）勿爽约，勿为不能守之约。

（十二）访问时，不可当面笔记。

（十三）在访问之前，应确知己所欲得者为何？

（十四）备一袖珍簿，纪载各种新闻之略示。

（十五）除非某报所登之新闻，素来确实，切不可转录之。

（十六）广告性质之新闻，不可登于新闻栏内。

第十四节 访员之资格

访员既兼采集与制稿二种职务于一身矣，欲求尽职，不可不具下列几种重要之资格：

（一）敏捷

"光阴乃黄金"，此语在新闻事业中，最为真实。故访员应能事事敏捷，以节省时间。熟知何处可以采得新闻，如何可以采得，并能立断其价值，此采集上之敏捷也；采得后，无论事实之多寡，能不甚费思索，不起草稿，用简明之文字，编成新闻，非惟不背事实，且词能达意，此编辑上之敏捷也。

（二）勤勉

勤勉为访员成功至坚之一基础。采访新闻，本非易事，有时经许多之周折，而仍无所得。但访员应顺每一引线而追究到底，至得其所欲得者，或自信不能再有所得之时为止。若半途而废，空手归来，是自认失败也。总之，访员应如军中之兵卒，责任所在，无论何事，皆尽力以为之。或如招揽保险之人，职务所在，绝不惮烦，虽对人低头屈膝，而不以为耻，只须精神上保其独立不屈之概耳。吾国访员，往往不去访人，而待人访问，且有高抬身价者，诚为笑谈。若在他国，则凡遇稍重要之事，必有访员在座。一名人入境，访员多迎候于船埠，否则麕集于旅社，以求得其谈话。此种勤勉之态度，吾人亟应养成之。

（三）正确

新闻须为事实，如非事实，则登布后，常足使个人或团体受不应受之痛苦，前已言之矣。故访员应能对于各事，为正确之观察，复应能事事小心，不因忙碌而致人名住址及其他事实有弄错之处。

（四）知人性

社会中各色之人，男也女也，老也少也，贵也贱也，富也贫也，访员无一不与之接。故访员应知人性，使人均乐与之为友。交游广，采集新闻之障碍，减去一半矣。又应知人性，以免为他人所欺，而不能辨别真伪。

（五）有强健之记忆力

访员于采集新闻之时，每不能立时笔记，如是求保留所采集者以待制稿之时，每不能不依赖记忆力。苟此力不强，误记事实或忘记事实之一部，不便实甚，所以访员应有强健之记忆力也。真正访员，鲜有身带随记簿者，仅带数张小片之纸，以备记人名地名或数目之用足矣。然归而记所采集者，能丝毫不爽。此种强健之记忆力，并非天生，乃用人力逐渐养成者也。

（六）有至广或至深之智识

普通访员所采编之新闻，非为一方面的，纯一的，乃为各方面的，十分驳杂的。故非有各方面的智识，事事内行，观察既不能透澈，纪载安望能明了。故其智识，虽不必深，但不可不广也。至特别访员之所采编者，既为一方面之新闻（如商业特别访员专采编商业新闻），则其智识虽不必广，但对于此一方面之智识，则又不可不深也。至一事之为新闻与否，其精采为何，其价值何若等事，均应立能辨也。

第十五节 通信员与其通信法

新闻社多于外埠之重要地方，派有通信员，以采集该地新闻之为其所注意者。通信员可概分为三种：一曰普通通信员，即仅事报告新闻者；二曰特派通信员，即社中特别派往某地以调查特定之事件者，欧美各大新闻社前派往前敌调查欧战情形者，即属此种，吾国尚有所谓"特约通信员"者，即就事实而贯串以己见以成其通信者也。

通信员与访员，同为新闻社采编新闻之人，故前所述关于访员者，大抵可引用于通信员。然通信员与访员之间，亦有稍异之处。

（一）通信员之责任较访员尤重。访员每日应采访何事大抵有编辑为之决定，如因人访问也，新闻社往往为之介绍，如报告集会也，新闻社往往为之觅入场券，故其进行尚易。若通信员则不然，虽有外埠编辑，遥为指导，然大抵诸事概须自理，须自立一簿登记各种略示，某日应探访何事，亦须自行决定。因人访问时，大抵须自行设法介绍，报告集会时，须自觅入场券。故报纸可有交游不广之访员，不能有交游不广之通信员也。

（二）材料须慎加选择。通信员之所告报者，乃外埠新闻，然某地之事，在某地虽有新闻之价值，往往因时间与距离之关系，在他埠则价值大减或全失。故通信员对于通信之材料，须慎加选择。第一须辨别某事是否为纯粹之本埠新闻，如其是也，除非其社中发行该地特版，则不能视为通信之材料。如亦为外埠人所注意，则又须决定其价值之大小，价值大者，可用电报报告，价值小者，则用书信报告。至报告之简详亦应视其价值之变化为转移，价值因时间与距离之关系而大减者，则报告宜简，小减者，即可稍详。此所以通信员对于新闻之价值，应有极正确之判断力，并应能用最经济之手段，缩短一事之纪载，而仍无碍于明了与翔实也。

为减轻电费起见，通信员与其编辑间，常有一约定一特别电码，以一字代替数字。然使通信员之电报报告，其编辑视为无价值而不登载，则此报告之电费，终为虚糜。故通信员遇有重要之新闻，例先发一简短之询问电，以请示于其编辑，在此电中，除注明其姓名及发电之时间外，并说出此新闻中最重要之事实，与拟用以编成通信之字数。编辑得此电后，即可将其中所说之重要事实，立时登布。如视该新闻之价值甚低，仅登此电中所说之事实已足，则可无须即发回电。通信员遂可毋庸再报告矣。编辑如视此新闻有将其详情登载之价值，则宜即回电于通信员，告知应再编若干字之报告。通信员得此电后，应立发出一详细之报告，其字数虽不必与编辑所电示之字数恰合，然不可相去过远也。若为意内新闻，通信员应事前用书函请示于其编辑，以省电质。

通信员发出报告，应力求敏捷，以便得早到社中。

通信员对于各方面，应公平无私，不可因个人之爱憎，而发出带色彩之通信。（见附注三）

第十六节　通信社之通信

新闻社如专视本社之访员采集本埠之新闻，本社之通信员采集外埠之新闻，必致重要之新闻，常被遗漏，否则须多请访员与通信员遍布各处。然此层即最富之新闻社，亦难办到，故新闻通信社之通信，各新闻社多利用之。使该通信社之信用素著，则可径视其通信为新闻而登布之。否则仅可视为略示，先派本社之访员或通信员，加以调查，然后方定其可否登布也。

第十七节　机关与私人之通信

新闻社收常到各机关，或私人报告消息之电话或来函，其中固少可径视为新闻，加以改编，即可登布者。然大多数可视为略示，应立派访员，加以调查。

（附注一）忽然发生之重要事情，乃编辑能否敏速组织其访员而成有力之机关之着实的试验。纽约某新闻社之编辑，名 Alexander Me DStoddart 者，所述该社处置一九一〇年八月九日图刺纽约市长之消息之方法，颇足说明编辑应如何安排，以便采得一重要事实之各方面，兹译述于后：（原文见 "What the city editor does when Gaynor is shot", The Independent, Aug, 25 1910）

"当日九点三十分钟，收到新闻通信社之通信一则如下：'市长 Gaynor 今晨在 Hoboken 之 The Kaiser Wilholm Der Grosse 船上被刺，传其已死'，此关于图刺市长事之最初新闻也。编辑得此新闻后，立用电话，找寻其访员，首派三人，赴 Hoboken 调查详细情形。不久又接到通信社第二次之通信如下：'市长现已移至 Hoboken 之 St Mary 医院'，如是编辑又立派一访员前赴该医院访问医生，并立时报告其结果。又派一访员赴市长之宅中或别墅以访问其夫人，因编辑知其夫人并未与市长同行也。旋复接得第三次之通信如下：'刺市长者，现已被逮，其名为 James J Gallagher，现住三马路四百四十号。'如是编辑吩咐一访员曰：'速往该处，尽力之所能，访得所有关于彼者，觅得其像片，查明其属何政党，有所得用电话告我。我或能令尔再调查他事也。'次又吩咐一访员曰：'Gallagher，在 Hoboken 之警厅中，必受审问，速往该处。'次又接到第四次之通信如下：'Gallagher 原为本城造船部中之打更者，至七月一日，方被开除。'微露其暗杀之动机。旋复接得派出打听 Gallagher 历史之访员之报告，谓伊昔常写怨望之信于位置在伊之上者，乃本城雇员中之甚不满意者也。如是编辑又派出一访员并吩咐曰：'Gallagher 乃一常写信抗议之人，赴造船部及官史委员会取得其所有之通信。'"

"复另派一访员访问代理市长名 John Purroy Mitchel 者。又派一人调查本城宪章关于因此种情形而令市长缺人之规定。又令一访员在本社图书室中，取出平日所留存关于市长一生之各种材料，为之编一哀启。此时有一曾用 Gallagher 之人，由电话告知，伊常做奇异不可思议之事。如是编辑特派一访员，往彼人处，采访更详细之消息。"

"编辑的略示单上所记之各种略示，此时如后，每一均附注所派往探访之人，（1）图刺市长事之大礼，（2）访问 The Kaiser Wilholm 船上之人，（3）在该船上之 Gaynor，（4）Gallager 之为人与其通信，（5）在 St Mary 医院中之 Gaynor，（6）Gallagher 之审理与其计画，（7）市长之夫人及其家庭，（8）代理市长之 John Purroy Mitrchel，（9）市政公所，（10）宪章如何说法并访问，（11）

Gaynor 之哀启，（12）Gallagher 所做之奇异不可思议之事。"

（附注二）美国 Bleyer 教授曾将其所视为之新闻来源及各来源所能供给新闻之种类，列为一表：兹译登于后，以便参考（见"Newspaper Writing and Editing,"P30）。

（一）警察所与其各区——犯法，逮捕，遇险，自杀，火警，遗失，暴死，及关于警厅组织方面之新闻。

（二）消防队总处——火警，损失，及关于消防队组织方面之新闻。

（三）验死事务所——惨死，暴死，自杀，与暗杀。

（四）卫生局——死亡，传染病，卫生报告，自来水情形。

（五）登录局——财产之买卖，移转，与抵押。

（六）市政厅——结婚执照。

（七）地方监狱——犯法，逮捕，与执行死刑。

（八）县知事公署——任命，免职，与市政政策。

（九）刑庭——控诉，预审，与审理。

（十）民庭——起诉，答复，审理与判决。

（十一）遗产管理处——财产与遗嘱。

（十二）破产判断处——让卖，失败，接收人之任命债权者之集会，与倒庄之清算。

（十三）房屋检阅吏——修屋执照，改建执照，危险建筑物之责罚，防火规则，防火方法。

（十四）公益委员会——价格案件之审理与判决，及管理规则。

（十五）建筑公所——市政之改良。

（十六）航业公所——船之到岸与离岸，货物，价格及航业新闻。

（十七）慈善总会——穷困，贫乏与救济。

（十八）商会与交易所——股票，产物，五金，牲口之时价，买卖，及新闻。

（十九）旅馆——要人之来去，私人宴会及公宴。

（附注三）各新闻社对于其通信员，例发一种通信规则，除他事外，内述何种新闻可以报告，何者毋须报告，Chicago Tribune 告其通信员下列各事，毋须报告：

（一）火车中司机人等及毫不重要之人之死伤，除非在三人以上，或含有巨额之财产损失，不必报。

（二）琐屑之变故，如因运用机械而指伤足断之类，不必报。

（三）不关重要盗窃拐骗之事，不必报。

（四）常人病故，不必报。但遇声闻一省或一国之人物故时，宜先通电社中一询。

（五）通奸堕胎诱逃等事之与著名人物有关者，宜就法庭所已证实之事实而小心报告之。关于此等事之谣言，不必报。乱伦溺孩之事，亦不必报。

（六）寻常典礼及始业式或休业式，不必报。如有名人演说，宜先期函告社中，由其酌定应报与否。

（七）法庭中每日审问谋杀事件之证据，非经本社预嘱，不必报。

（八）关于游戏事件之详情，非先经本社许可，不必报。

（九）牧师之演说节略，非经本社预嘱，不必报。

（十）乡立市场之记事，不必报。但省立市场开场之情形，可简单报告。

（十一）旅馆开张及其他有广告性质之消息，不必报。

（十二）演剧或其他游艺，不必报。然若在大城市举行，而演者又为著名人物，或新剧第一次开幕，则可以报，惟须先得社中之许可。

（十三）秘密社会之进行，非经社中嘱托，不必报。

（十四）学校开学之情形，除非得社中之命令，不必报。

（十五）农家收成之情形，非得社中之命令，不必报。若猝遭雨水霜雪，有害田事，可先函询本社。

（十六）结婚事，非经本社预先吩咐，不必报。若嫁娶二家为著名者，宜先期函告社中，以待后命。

（十七）寻常赔偿损失之诉讼，不必报。

（十八）怪胎，不必报。

（十九）刑事罪，除非与名人有关，且得社中之命令，不必报。

又 Associated Press 与其通信员之通信规则中，谓下列新闻，可以报告：

（1）政治新闻之无私见党见而其重要足以引起超过省界之一般的注意者，可以报。

（2）仅关一地之选举报告，得本社命令后，可以报。

（3）公民大会，演说，宴会等事，经本社命令，则报之。

（4）铁路上要员之黜陟，与社会有关者，则报之。

（5）铁路新公司之组织，或旧公司之合并，与托拉斯或其他联合商行之与设立，与巨额之产业及资本并公众之福利有关者，则报之；但须屏去广告性质之语。

（6）营业失败至三万元以上者，又接收人之任命，皆报之。

（7）监守自盗至万元以上者，则报之；如激起众愤，则为数虽较小，亦可报。

（8）同盟罢工，因而失业有二百人以上者，可以报。使因罢工而大产业受损，或交通阻碍，或发生扰乱情事，皆可详报。

（9）剧烈之大风雨，因而发生人命财产之损失者，则报之。

（10）伤亡至二人以上，或损失巨额之财产，皆可报。

（11）铁路遇险，致财产损失在五万元以上，或有人因而受创致死，则报之。至货车常遭之变故，不必报。

（12）船舶之沉没、触礁、搁浅因而财产损失在万元以上，或因而有死亡者，则报之。

（13）致财产损失在五万元以上，或发生人命损失或他种变故之火灾，可以报。保险之总值，亦可报。

（14）法庭如有要案，宜先询问本社，由本社指示要节而后详报之。有关铁路公司或大商号或公众福利之判决，均宜简洁报告；寻常案件，不必报。

（15）谋杀事件，可简约报告。如因谋杀而发生非常情形，或与有关系之人，其声望不限于本地则可详报之。

（16）盗窃至五千元以上者，可以报。

（17）罪犯绞决，可先期将罪案报告。

（18）诱逃堕胎等事，不必报。如堕胎者系有名妇人且因此而物故，则可报。诱逃者如为人所捕获，而受群众之处置，亦可报。

（19）游戏事情之为全省或全国所注意者，应预行报告社中，以便社中得开示节略以为其遵照报告之用。角力竞技等事之仅为一地所注意者，不必报。然若参与之人有伤亡，或其成绩极佳又可以报。

第七章 新闻之编辑

第一节 编辑之根本义

访员既采得新闻矣，其次手续，即为编辑，以备登载之用。换言之，访员应如何报告新闻于阅者乎？编辑之根本义有四：

（一）翔实

新闻纸者，社会之耳目也，而访员与通信员者，又新闻纸之耳目也，故其责任甚重。编辑时，第一须心地开放，毫无成见，所述者仅为事实，仅为使其意义明了之所有事实，以供阅者之判断，或作事之标准。切不可因一己之私见，将事实颠倒附会或为之增减，致失事实之真相。尤不可显然夹入好恶赞斥之词，以表其意见。愚意新闻与意见，应绝对分离，新闻栏中，专登新闻，社论栏中，始发意见，彼此毫不相混。即欲于新闻栏中发表意见，亦应附注于新闻之后，以便辨别。此种办法之优点有五：（一）意见得夹入新闻中，则访员常以事实迁就意见，而轻视其供真正新闻之天职，今二者分离，则此弊当可稍减。（二）意见夹入新闻中，脑筋简单者必常误视意见为事实，因失其主张之自由，今二者分离，则无此弊矣。（三）意见与新闻，放在一处，则阅者常须于长篇纪载中，寻出短篇之事实，不便莫甚，今二者分离，则无此不便矣。（四）发表正确之意见，本为难事。决非多数忙于采编新闻之访员所优为，故宜用分工之制，访员专事采编新闻，而意见则别请专员撰著，于社论栏中发表之。（五）新闻栏中，专登真正新闻，可增加社会对于此栏之信仰心。虽主张绝不相同之人，因此均可订阅此报，以知世世及本埠之大事，此于新闻纸之销路大有裨益者也。明乎此，则世俗之所谓"新闻政策"者，非打消不可矣。

　　新闻纸对于各事有所主张，或保守，或进取，或赞成，或反对，日日于其社论栏内，发表之，拥护之，乃正当之事也。"新闻政策"如作此解，吾人对于新闻纸之主张，纵或有怀疑之处，然不能咎其有一定之主张也。换言之，"新闻政策"之当存在，无可疑也。所可惜者，"新闻政策"并不作此解。彼在今日，有造谣与挟私的意味。政党之机关报，为达一时之政治目的起见，往往对于敌党之领袖，造一篇大谣言，登之报上，以混乱一时之是非，反美其名曰，此"新闻政策"也。或每日于新闻栏内，为输灌不利于敌党之感想于阅者脑中起见，将一原来五六行即可登完之新闻，"特别放大"，成一篇淋漓痛快洋洋千言攻击敌党之大文章，亦美其名曰，此"新闻政策"也。就上列之五种优点观之，此种明目张胆造谣挟私之"新闻政策"，绝无存在之余地，不待烦言矣。

（二）明了

访员编辑时，第二应力求意义明了，使阅者看时毫不费力，故最好使用白话，凡古奥难明之字，或意义晦涩之句，切不可用。为此理由有三：（甲）阅者用以看报之时间，常甚短促，故看时求快，然此非文字明了不可。若须查阅字典，方能明白，不惟阅者无暇，亦多不愿如此费事也。（乙）报纸应为普及教育之工具，前已言之。然苟不明了，则普及终难实现。（丙）文字明了，则阅者必众，此于报纸有益之事也。吾国报纸，至今尚鲜有对于新闻，加以标点符号者，此实为不可解之事。因各种符号，均足以增进文字之了明而使阅者易于了解也。

（三）简单

访员编辑时，应用经济之手段，以少数之字，记最充实之事实，使一字有一字之用处，枝叶之浮词，重复之语句，均不宜有，即无甚价值之细情，亦不合于人，以免糜费阅者之时间，而空占报纸之篇幅也。如是欲求访稿之精，不能不求采访之详矣。

（四）材料适当之安排

报纸之阅者，可概分为二类：第一类之人，优游多暇，每日将其所购之报纸，自首至尾，全看一遍；第二类之人则事情甚忙，每日仅能抽出少许工夫，展开报纸，掠观一遍，见其所注意者读之，余则不顾。然其欲知世界之大事，则无异也。第一类之阅者，既有报癖，无论新闻如何编辑，不患其不看，然此类阅者究少。故访员编辑时应注意，第二类之阅者。当力谋新闻能引起彼等之注意，使其亦不能不读，且应其以最短时间而知世界大事之需要也。为达此目的起见，访员除应力求翔实，明了，简单外，亦应将组成新闻之各事实，善为安排。昔人编辑新闻时，系用文人作纪事文之体裁，由因到果，排列各事实，按其发生先后之次序，致往往居新闻之首者，为琐碎事实，而能引人注意与阅者所欲知之新闻精采反埋居新闻之末。又甚至用小说家之惯技，故意先叙无紧要之其事，将人人所最注意者，直至末尾方龙睛一点，破壁飞去，意将使阅者拍案叫奇也。殊不因此往往本为第二类人所注意之新闻，仅终第一类之人读之，新闻之价值，受损多矣。此弱点早为美国新闻界发见，几经改良，现已造成一种新闻之格式。即于编辑时，不计各事实发生先后之次序，但计各事实之重要，将最引人注意之新闻精采，及用以说明所必需之各事实，首先叙述，然后再及详细情形（例如失火之纪事，除非其原因甚形特别外，则先述人命财产之失损，然后再述失火之原因）。且按各事实之性质，分为段落，以免如长篇无段落者令人见之而生沉闷之感。如此则第二类之阅者，亦不能不注意矣。吾国访员，仍多用旧法编制新闻，致新闻之精采，常被埋没。即长至数千言，亦不分段落，既不能引人注意，而阅者欲知一事之纲要，又非全看不可，此所以阅者多嫌其沉闷也。最可怜者，为一种报纸，对于新闻，毫不加以组织。同一新闻，因数通信社均有报告，遂不计重复而均列载之，而不知将各报告合成一新闻。有时数种新闻，虽彼此显有至深之关系，因非得自一通信社也，遂分别登出，听阅者自行看出其相互之关系，不知联合之而编成一新闻。其不便于阅者，自不待言，而本身亦于无形之中，变成各通信之机械矣。

第二节 新闻之格式

新闻之格式，乃分新闻为撮要与详记二部。新闻之第一段，曰撮要，其次诸段，曰详记。

新闻之撮要，以新闻之精采及数问题之简单答案组成之。每一新闻，必有其精采，否则不成为新闻，而精采为引人对于一新闻注意之物，前已言之矣。故访员应能于种种事实中，认出孰为精采，而首先述之。精采之外，尚有数问题，为说明其意义及其与详记之关系所必须。故访员应同时答复之。但不必详答也，因新闻之详记，即此数问题之详细答案耳。总之，访员编辑新闻时，应于第一段中首述精采，次简单答复数问题，以不失明了为度，而成所谓新闻之撮要。设因文法关系，新闻之精采，不克置于简单答案之前，只能放于答案之间，则可用较大之字印刷，以表出之。

至应简单答复之问题，不出下所列之六种：即何事？何地？何时？何人？为何？及如何？是也。例如前者"楚材"在汉口附近撞沉"江宽"之新闻中，其精采自为数百人之同时遇难，故访员编辑时，应于撮要内，首先提出之。然为使其明了起见，必须同时简单报告，因为"楚材"撞沉"江宽"，系于某地撞沉，撞沉重要遇难之人为某某，及对于遇难者与遇险未死者之如何善后之办法也。

此六问题，非必须全答。其中如有无关重要者则可不必答复。至其先后，并无一定之次序，因六问题比较之重要，至不一定也。有时新闻之精采，即为此六问题中答案之一。例如在前所引之《黄陂潜心佛学》之一段新闻中，其精采为何人之答案，即黄陂是也。

撮要之后，即为详记。新闻中之种种事实，访员可按其比较上之重要，先后于详记中细述之。至详记之长短，当视新闻价值之高低定之。价值高之新闻，详记可长，价值低之新闻，详记宜短。遇过低时，详记可完全不有。详记宜分段落，重要之事实述于前，次要之事实居于后，此不仅足免阅者见长篇时之沉闷，且于阅者及排版均甚便利也，试分别说明于后：

（一）便于阅者

撮要之中除新闻精采外，尚有数问题之简单答案。如是纵无详记，撮要可独立成一简短明了之新闻。少暇之阅者，只看各新闻之撮要，即可于最短时间内，知世界现时大事之纲要。不看详记，于事无碍也。然如对于某事特别注意，欲知其详细情形也，则有已分段落之详记在，阅者完全看过也可，仅看一段也可。此于阅者甚便利之处也。

（二）便于排版

新闻如按新闻之格式编辑，而详记又复分段，则遇新闻众多时，或遇报已排版，忽有二三栏之要闻，突然而至时，不妨删去数新闻的详记之一段或全部以便版可排正，且将新至之新闻，全行排入。此不愈于将一件或数件新闻全行割弃乎？然使新闻按旧法编辑而不分段，则非割弃不可也。

第三节 关于访稿应注意之点

关于访稿，除其纪载应确实，文字应简明，并应采用新闻格式外，尚有应注意者于后：

（一）稿纸无论如何，不宜二面并书，即使书至一页之末，只余十余字无地可容，亦宜另易一纸。因访稿付印时，为便分付数排字工人以排之起见，常被拆为若干段，若二面并书，所起之纷乱将如何乎？

（二）访稿之字，宜极清楚。因手民纵知书识字，然对于模糊之字，有时或不免误认。使因此而致访稿意义难明，或甚至不通，或可作他解，其不便为何如？

（三）两行字之中间，应留空白，便修改之用。稿纸之左右上下，亦应留空白，以便粘合之用。在撮要之前，尤应多留空，以便阅稿人填写题目之用。

（四）访稿如有数页，应编号为记，每页之上，应书访员姓名。

（五）访稿如已完，应书一"完"字，如未完，应书"未完"二字。

第四节　新旧编辑法实际之比较

京沪各报，一次曾登《交通运输会议开幕》之一段新闻，其原文见后，可用之以说明旧法编辑新闻之弱点：

交通运输会议开幕

六月二十四日交通部开第一次运输会议假铁路协会为会场会员到者五十二人来宾及部员旁听者四十余人于午后二时振铃开会首由主席路政司长关赓麟君致开会词略谓运输会议自去岁十月间颁布章程即已着手办理今兹之举实几经筹画始见施行会议要素厥惟二端一为议案二

为会员议案贵乎能行此次交通部及各路提出各案均应办之件而又筹有办法非空言悦听之比一经讨论必能见诸施行各议案大都重要或表面似乎平常而关系却甚大莫非多年未能解决之问题设能全数得有解决固佳即或十得一二本会议之功已不可没至会员有特色二一肯负责任二凤知甘苦盖各会员均系铁路上重要人员经验有素所议各案议决之后须负履行之责尤不容不尽心讨论其盼望之切殆如医者望病人之痊而辩护之热心又如律师为被告人争辩者此由于平日所受痛苦既多故言之亲切从前本部主持画一各路尚多异同近日则非但华员以宜统一为言即洋员亦多感不统一之苦而向部陈议可知铁路运输统一之时机已经成熟吾辈同人固当于各议案力求正当之解决以副总次长之期望尤当牺牲其本路之私见与平日之成见为良心之观察云云是日曹总长因事未能到会委参事陆梦熊君代表致训词大致谓运输为铁路命脉各国运输多已完备尚常集内外职员切实讨论交换意见故能泛应曲当吾国铁路敷设时各不相谋近年运输事务输繁联运客货正宜力求统一运输会议必不可少本会系在路职员与铁路运输有关系者之综合会议坐言即可实行无一毫间隔当各本其学识精密讨论其议决之案即当依次筹办又须联合一案互相商榷举从前错见岐出之弊一扫而空之云云当由众会员公推陈国华君将总长训词译为英文宣读一过次为叶次长训词大致谓铁路之在吾国位置年有不同近年以来所占位置日益重

要因近来种种原因故今一般人皆能知其重要而对于铁路上之要求责备亦因此而加多我辈身历其境必须尽其责任但非一手一足所能奏效应如何改良整顿自应研究诸君久任路事对于整顿路务自然胸有成竹但恐部局隔阂故凡事有文牍往来不能办到而当面商量可以办到者故有此次会议之举然鄙人尚有郑重声明者此次运输议案皆共同议案并非专为一路而设务望诸君将议案阅后第一须研究其提案原因第二须认今日乃改良中国铁路之机会须虚心研究办法虽于一路或有损书之处亦不能不牺牲其有利益之举亦不能不赞助万不可囿于一隅致累全体至现定会期甚短万一不能藏事不妨延长又审查会另有时间可以从长讨论且吾国铁路位置与昔不同其困难亦日甚一日同全体至现定会期甚短万一不能藏事不妨延长又审查会另有时间可以从长讨论且吾国铁路位置与昔不同其困难亦日甚一日同人等皆负责任之人务须尽力实行不可观望万不可因是非毁誉而有灰心总望坐言起行详细讨论倘能秉此一番精神作去自必有好结果也又言议案之中最注意有运货担负责任一案此系各商民盼望已久之事务宜从速议有办法以副人望云云后由刘会员景山用英文译出次由会员公举丁君士源代表全体致答词云吾国路政开办至今已历四十余载因有种种原因办法未能一致故进步不速交通部成立以后力求统一方法开会讨论如会计统一已获实效兹复招集运输会议谋运输事务之改良统一及进行办法诚扼要

之图也今员等忝供路职自愧学识谫陋无裨高深惟有仰体部
长召集之盛意各尽愚诚以求运输发达云云嗣登台相继演说
有会员王局长景春来宾陆参事梦熊会员虞局长愚诸君时已
五时乃振铃散会随茶点摄影而散并由主席宣告嗣后每日下
午二时至六时在会开议云

此段新闻，虽长千余言，不但无撮要与详记之分，且绝未分出
段落，而加以标点符号。全篇事实，均按其发生先后之次序排列，
致阅者须看过原文十一行，方知是日是曹总长应事未到会，委陆梦
熊君代表致训词，须看过原文十六行，方知叶次长曾到会亲致训词，
须读完全篇，方知当日所有经过之事。既难读，复费时，若用新闻
之格式改编之，且用符号则文与式应如后。

交通部第一次运输会议开幕

为谋运输事务之统一

交通部第一次运输会议，其目的在谋运输事务之统一，
已于本月二十四日假铁路协会开幕矣。首由主席路政司司
长关赓麟君致开会词，次曹总长代表陆梦熊君与叶次长先
后致训词，次由会员代表丁士源君致答词，均以统一铁路
运输为当今之急务。又次会员数人，相继演说，随即茶点
摄影而散。

是日午后二时开会，到会者有会员五十二人，来宾及部员旁听者四十余人。曹总长因事未到，故委参事陆梦熊君代表，其训词由会员公推陈国华君译为英文。叶次长之训词，由会员公推刘景山君翻译。会员演说者，为王景春虞愚二局长。来宾演说者，为陆梦熊君。此日仅举行开会礼，嗣后每日下午二时至六时，将仍在铁路协会开会，讨论一切议案。

主席关司长之开会词，"略谓运输会议，自去年十月间，颁布章程，即已着手办理。今兹之举，实几经筹画，始见实行。会议要素，厥惟二端。一为议案，二为会员。议案贵乎能行，此次交通部及各路提出各案，均应办之件，而又筹有办法，非空言悦听之比，一经讨论，必能见诸施行，各议案大都重要，或表面似乎平常，而关系却甚大，莫非多年未能解决之问题。设能全数得解决，固佳，即或十得其一二，本会议之功已不可没。至会员有特色二，一肯负责任，二凤知甘苦。盖各会员均系铁路上重要人员，经验素有，所议各案，议决之后，须负履行之责，尤不容不尽心讨论。其盼望之切，殆如医者望病人之痊而辩护之热心，又如律师为被告人争辩者。此由于平日所受痛苦既多，故言之亲切。从前本部主持画一，各路尚多异同。近日则非但华员以宜统一为言，即洋员亦多感不统一之苦。而向部陈议。可知铁路运输统一之时机已经成熟，吾辈同人，固当于各议案力求正当之解决，以副总次长之期望，尤当牺牲其本路之私见，与平日之成见，为良心之观察云云。"

曹总长致训词："略谓运输为铁路命脉。各国运输多已完备，尚常集内外职员，切实讨论，交换意见，故能泛应曲当。吾国铁路敷设时，各不相谋。近年运输事务日繁，联运客货，正宜力求统一，运输会议，必不可少。本会议系在路职员与铁路运输之关系者之综合，会员坐言即可实行，无一毫间隔，当各本其学识，精密讨论。其议决之案，即当依次筹办。又须联合一气，互相商榷，举从前错见岐出之弊，一扫而空云云。"

叶次长之训词，"略谓铁路之在吾国，位置年有不同。近年以来，所占位置，日益重要。因近来种种原因，故今一般人皆能知其重要，而对于铁路上之要求责备，亦因此而加多。我辈身历其境，必须尽其责任，但非一手一足所能奏效。应如何改良整顿，自应研究。诸君久任路事，对于整顿路务，自然胸有成竹。但恐部局隔阂，事常有文牍往来不能办到，而当面商量可以办到者，故有此次会议之举。然鄙人尚有郑重声明者。此次运输议案，皆共同议案，并非专为一路而设。务望诸君将议案阅后，第一须研究其提案原因，第二须认今日乃改良中国铁路之机会，须虚心研究办法。虽于一路或有损害之处，亦不能不牺牲，其有利益之举。亦不能不赞助。万不可囿于一隅，致累全体。

至现定会期甚短，万一不能藏事，不妨延长。又审查会另有时间。可以从长讨论。且吾国铁路位置与昔不同，其困难亦日甚一日。同人等皆负责任之人。务须尽力实行，不可观望。万不可因是非毁誉而有灰心。总望坐言起行，详细讨论。倘能秉此一番精神作去，自必有好结果也。又言议案之中，最宜注意者，有运货担负责任一案。此系各商民盼望已久之事。务宜从速议有办法，以副人望云。"

会员代表丁君答词。略谓吾国路政，开办至今，已四十余载。因有种种原因，办法未能一致，故进步不速。交通部成立以后，力求统一方法，开会讨论，如会计统一，已获实效。兹复招集运输会议，谋运输事务之改良统一，及进行办法诚扼要之图也。会员等忝供路职，自愧学识谫陋，无裨高深。惟有仰体部长召集之盛意，各尽愚诚，以求运输发达云云。

读者试取改编者与原文相比较之，当能看出彼此之优劣，而觉新闻格式之亟宜采用矣。兹将改编者，说明如后：

此篇新闻，现分为二部，首段为撮要，余为详记。撮要之头十字，为"交通部第一次运输会议"，因其为新闻之精采也。交通部乃国中著名机关之一运输会议为新颖之名目，而运输之事，又与多数商人发生关系，亦研究铁道运输学者所注意。又在此新闻中无更足以引人注意之事，故"交通部第一次运输会议"十字为新闻之精采也。

次十二字为"其目的在谋运输事务之统一",因在此新闻内,六问题之中,以"为何"开会较为重要,故首先答复之。其次"'已于本月二十四日假铁路协会开幕矣'十六字,乃答复何时何地何事之三问题"。至"主席路政司司长关赓麟君","曹总长代表陆梦熊君","叶次长","会员代表丁士源君"等字,用以答何人之问题也。其余"致开会词","先后致训词","致答词","相继演说","随即茶点摄影而散"等字,仍答何事之问题也。至诸人之演说,并无特殊之点,故不列举,而以"均以统一铁路运输为当今之急务"概括言之也。又会务之进行如何,此时尚谈不到,故如何一问,未置答也。然有五问题之简单答案与新闻之精采,撮要已可成一独立简短之新闻阅者读之,即可知会中之重要事实,虽不读详记也可。

至次要之事实,均编入详记,共分五段,复加以符号,较原文明了多矣。

又京中某报,近登《阁议决定烧毁存土》之新闻一则,其原文见后,编辑不甚得法,兹照新闻格式改编之如后:

阁议决定烧毁存土(原文)

东海将重申烟禁之令己志本月十八本报三日以来关于沪上存土之处置方法政府曾经密议数次至昨日阁议提出遂决定将所有存土尽行烧毁兹记其经过情形如下

▲最初之筹议　烧毁存土之议最初虽有此意但以收买经费过巨从财政上之见地致迟疑而莫能决曾商之英国方面拟将运华之土原价购回前日之晚尚磋商此种办法以某种关系卒未决定原价购回前日之晚尚磋商此种办法以某种关系卒未决定

▲烧毁之决心　前项办法既未决定于是钱总理又往请命于东海计现在苟行烧毁则实际所损失者约一千四百余万金（某社报告似稍误）东海言国家之名誉岂止值一千四百余万下一决心以他法弥补损失故即以烧毁存土之案提于昨日阁议

▲阁议之经过　昨日阁议以此为唯一要案阁员讨论而后一致均无异议（曹汝霖等以卖土政策得不偿失早已抛弃其主张一句前陆宗舆亦曾言不如烧毁）此议遂定并由外交总长即日以此案通告英国公使及其他外交团

▲外交界之钦佩　英公使朱尔典君接到我外交部之通告以为中国得未曾有之决断政策即日致处本国政府报告此事谓为中政府莫大之荣名

▲禁烟令即下　禁烟命令其措词大意亦通过于昨日之阁议已饬秘书厅拟稿两三日内即行发表云

阁议决定烧毁一千余万金之存土（改编者）

英公使谓此为政府莫大之光荣

价值一千余万金沪上存土之烧毁。与禁烟令之再颁，内阁会议为保全中国国家之名誉起见，已于昨日一致决定实行。并由外交部即日以此事通告各公使。英公使得通告后，即致电英国政府，报告一切，谓为我国政府莫大之光荣。

▲阁议前之情形　烧毁存土与重申烟禁之议，政府最初虽有此意，但以收买存土经费过巨，从财政上着想，致迟疑而未决。曾商之英国方面，拟将运华之土，原价购回。前晚尚磋商此种办法，某种关系，卒未决定。于是钱总理往请命于东海。计现在苟实行烧毁，则实际所损失者，约一千四百余万金。东海言，国家之名誉，岂止此数，遂决定烧毁，以他法弥补损失。故钱总理即以烧毁存土之案提出于昨日阁议。

▲阁议时之经过　昨日阁议以此为唯一要案。阁员讨论后，均无异议。（曹汝霖等以卖土政策，得不偿失，早已抛弃其主张。一旬前陆宗舆亦曾言不如烧毁。）此议遂定。禁烟命令措词之大意，亦行通过，已饬秘书厅拟稿，两三日内即可发表。

此件新闻之原文，与改编之文，彼此之优劣，读者当能看出。然二者所纪之事实，并无差别，所不同者，新闻格式之采用与否耳。前件新闻之改编，业已详细说明，此件遂无说明之必要，故从略。

第八章 新闻之题目

新闻既编辑矣，其次手续，即于新闻之前，加以题目，是曰造题，此事大抵由阅稿之人任之。在组织完备之新闻社，例有专人担任阅稿，在普通之新闻社，则由编辑自行担任。所以不使访员任造题之事者，因访员自为之，不如阅稿人为之之为愈。其故有二：（一）访稿经阅稿人校阅之后，恒有删改，面目一变。（二）造题非易事，必精于此者方能为之。有人云，"造题之难难于做诗"。此言深可味也。

第一节 题目之目的

冠题目于新闻之前，目的有二：

（一）便利阅者

题目如编辑得法，应为新闻之结晶，以少数简明之字，叙述其中重要之事实，使阅者读之，即可知全世界大事之纲要，虽不读新闻，亦无不可。此于无暇仔细看报而又欲知世界大事之人最为便利。题目之形式与其所占之地位，又均极易注目，此亦足以增进阅者看时之敏捷也。

（二）引人注意

一新闻之题目，因其形式与地位，易惹人注目，实不啻该新闻之广告。使编辑得法，既可藉以引起阅者好奇之心，复可同时用以稍满足其欲望，使其对于该新闻，不能不看。此所以在街市叫卖之晚报，多利用新闻题目以极大号之字登载之，或以各种颜色印出之，以增其叫卖之能力也。甚至有为引人购买起见，遂致新闻虽甚确实，而于其题目中，则不惜牺牲事实，故意夸大其词，言过其实者。此诚为不正当之举动，因题目应与普通广告同，以事实为根据，以诚实为标准，不可允许新闻中所不能履行者也。

就上列二种目的观之，可见题目与新闻同，阅稿人仅能以公平之精神，藉以纪述事实，切不可用以评论新闻，况题目如带一种彩色，常足以在阅者脑经中，发生一种不自然之印象，至使其读新闻时，无形中失其观察之自由乎。至题目之不能用以填塞篇幅，更不待说明。

第二节 题目之分类

新闻之题目，可概分为二类，即寻常题目与特别题目是也。取我国报纸之新闻题目而详细研究之，其寻常题目又可分为三种，为便于研究起见，即名之曰正题附题及分题。如例一，"海参崴之大骚动"为正题，"过激派之失败"为附题，至"捷克军占领后之情形"，与"捷克族之企图"则为分题。多数新闻，只有正题附题而无分题，如例二。又简短之新闻，往往仅有正题，并附题而无之，如例三：

例 一

○海参崴之大骚动

过激派之失败

○捷克军占领后之情形（三日东京电）捷克罗巴克军已将海参崴过激派本部电信局国立银行市参事会市役所等占领（下略）

○捷克族之企图 捷克司罗巴克军已占领海参崴劳兵会本部并设立西伯利亚政府（下略）

例 二

▲宣统习武

马年学习乘马

清帝旧制皇帝本须习武宣统现年十三岁照例学习乘马瑾太妃已派定乾清门侍卫都林为教授一切操纵控御之术由该教授逐日训练（下略）

例 三

▲黑龙江亦派争林代表

吉林省会派遣代表入京争废林矿借款合同尚无头绪闻

黑龙江省会亦推派梁声德等为代表入京陈情昨先有电来京
要求当局接见矣

此等题目，本无成文之规定。然习惯上已有数事，可视为通行
之办法：

（一）关于字之大小者

正题之字，常大于新闻之字，而附题及分题之字，则常与新闻
之字相同。又正题之字，每较附题之字大，而与分题之字，则有时
较大，有时相同，无一定之关系。

（二）关于字数者

正题与分题之字数，虽无一定，然鲜有过一行者。至于附题，
则最无定式，有一行者，如例四：

例　四

　　○乌梁海内附之佳音
　　▲望政府注意图之

例 五

○阁议中之开辟商埠案

▲已承允为开放六处

▲外势从此遍内蒙

例 六

○森林大借款之进行

▲吉林督军省长同意

▲介绍人为陆宗舆

▲农商部仍在反对

例 七

○中央选举会投票详情

▲第一部尚有四名未举

▲第三部尚在激争中

▲第六部未能举行

▲余皆已选出

例 八

○时局要闻

▲吴佩孚之缓和 ▲冯玉祥之勇进

▲闽局陡转 ▲李督愤电

▲小叶筹战费 ▲铁路收现洋

例 九

○醴陵浩劫

▲城中百姓

▲只有二十四人

　　附题有二行者，如上例五，有三行四行者，如上例六例七，尚有五行以上者，然不多见也。有行一有二句或二读，则彼此相对者，如上例八。又有一句分作二行者，如上例九。至各行排列之法，有层层高者，如上例六，有层层低者，如上例七例八等，后者用时较多。总之，附题最活动，而较易于构造也。

　　至特别题目，可分为四种：（一）为包箱式题目，题目之四周，以粗线围之。（二）为颜色题目，以黑白二色以外之颜色，例如红色，将题目印出。（三）为旗帜式题目，以与小旗相同之篇幅，用极大之字登载题目于其中。此三种题目之用处，均在引起世人之特别注意，吾国新闻界似尚无用之者。（四）为接目，乃当一件新闻未能于此版登完而于他版接续登出时，用以表示其关系者也。

第三节　造题时应注意之点

欲求所造之题目，能达其二种目的，造题时，应注意下列事项：

（一）在未造题目之前，应先将新闻中之重要事实，清清楚楚明明白白看出来。

（二）题目当以此重要事实为根据，既不可张大其词，亦不可加以评论。

（三）题目当根据于撮要中之事实，因如此则一新闻之详记，虽因故概被削去未登，而其题目仍可无须改编。况一新闻中之重要事实，又大抵于其撮要述出耶。

（四）引人注意之新闻精采，应于正题中提出之，因正题之字，不仅大于新闻之字，且常大于附题与分题之字而又居于前。故占极优越之地位也。

（五）正题之意思如已明了，且已尽述新闻中之重要事实也，则可无须另有附题或分题，否则可用二者，或二者之一，以补足其意思，或其所尚未提及者。例如在上例三中，使其正题，改为"黑省会亦派争林代表来京"，则可无须乎附题与分题矣。然在上例六中，即使正题改为"吉督军省长同意森林借款"，亦尚须"介绍人为陆宗舆"及"农商部仍在反对"二附题，以补足之。因此二层，亦甚重要也。遇新闻甚长分为数段时，每段之前，宜有一分题，以略示本段之内容。分题之字数，少有过一行者，而附题最无定式，故二者之中，以附题尤能尽补足之职务也。

（六）题目中切不可用含糊之字，因不惟使新闻之内容难明，且足减少其为广告之价值也。例如在例九中，与其言"浩劫"，何如直言仅余廿四人。

例 十

　　○"楚材"撞沉"江宽"案近闻

　　"楚材"撞沉"江宽"案业经海军部组织法庭审讯迄未解决惟政府以"江宽"损失极重不无恻隐之心故有赔偿之议而"楚材"舰长犹以赔偿为不当日前特请三律师拟稿呈递内容且有理由四种（一）为"江宽"年龄已老不撞亦有自沉之势（下略）

又例十中，与其言近闻，何如改为：

"'江宽'年老不撞将自沉

'楚材'舰长不服赔偿

将以此为一理由"

（七）新闻题目，与书名有别，书名仅略示书中之内容，至新闻题目，则须表示一定之动作，使人一望而确知其意义。此所以上例六之正题，应改为"吉督军省长同意森林借款"，上例九之正题，应改为"醴陵百姓仅余二十四人"也。

（八）新闻题目，不宜用发问式表出之，因按理新闻纸乃以供给新闻为职务，不应登载未经证实之传言也。

（九）应谨防毁人名誉之纪载，以免生出诉讼。例如当某甲仅被控谓曾杀某乙时，切不可因地位有限遂简称某甲杀某乙也。

第九章 新闻纸之社论

新闻纸之"社论"一栏，乃其正当发表对于时事之意见，以代表舆论或创造舆论之地也。此栏与新闻栏，应严分界限，前者发表意见，后者专登新闻。若混而为一，则流弊甚多，前已说明，兹不赘述。

就吾国新闻界之现状言之，撰述社论之人，常即为采编新闻之人。且社论多为一人之见，故大抵署名发表。在欧美之大新闻社则不然，新闻门与社论门，大抵为对待之机关，两不相属。社论门中，例有一总编辑，并有数编辑以佐之，每日开编辑会议一次，由总编辑主持，以新闻部所供给之新闻为材料，而讨论之，交换彼此之意见，决定本社对于各种重要时事应抱之态度。然后选定题目，指定某人担任何题，各自按照编辑会议所议决之态度而编撰之发挥之。撰就后，交于总编辑，斟酌其是否可用，如有须修正之处，则修正之。因其为编辑部之公意。故发表时不署名。此种办法，优点有三：一为能收集思广益之效，二为不似署名时之有所忌惮，三为一新闻社之意见，常较一记者之意见，易为社会所重视。

发表意见，本为易事，然求社论能代表或创造正当之舆论，则为事甚难。必也编辑于撰著时，注意下列事项，方克臻此。

（一）以新闻为材料

社论须以当日或昨日本报所登之新闻为材料而讨论之，此理甚明。例如访员报告省议会为兴某种建筑，特拨一款，此新闻也。社论编辑以此为材料而讨论本省能否添此担任，某种建筑是否必要，所拨之款项是否敷用，抑或有余，此社论也。访员与社论编辑职务上之分别，即在一则供给新闻，一则对于新闻加以批评耳。新闻既为多数阅者所注意之最近事实，故详言之，社论第一须以事实为材料，第二须以多数阅者所注意之事实为材料，第三须以最近之事实为材料。由此可见彼于社论中因发牢骚而无端谩骂他人。

或以四书五经上之句子为题而发挥讲道德谈仁义之空论者，或以类似"西学原出中国考""中国宜亟图富强论"之题，而做极浮泛油滑之策论者，均属不当，因其非以事实为材料也。又彼因有所顾忌而置当面之问题，众所注意之事实于不议不论者，亦为不当。因有材料而不加以批评，以指导社会，是为放弃天职也。至谓应以最近之事实为材料，盖指社论应及时发表耳。既不可延迟，亦不宜过早。因迟则往往于事无济，例如政府有意与外国订立丧失权利之合同时，新闻纸即发表反对之议论，常足以唤起舆论，使政府不得不打消原意。设发表在合同已签字之后，则挽救已不及矣。况先入为主，仍为极普通之现象耶？反之发表过早，主张今日所万不能行之事，即使持之有故，言之成理，至多不过引起纷扰，否则等于赘言耳。社论既以批评新闻为事，故其结构，普通宜分为三部，首先将此多数阅者所注意之最近事实，简明叙出，以为批评之基础，次以种种理由而批评之，最后为结论。

（二）有透辟之批评

社论须有透辟之批评，否则纵使所论之事实为现时群众所注意者，亦无甚价值。故编辑既不可畏首畏尾，以模棱两可之言来敷衍，亦不可以胡诌几句不关痛痒之话来搪塞（如"呜呼不幸而言中"，"予日望之"，"伟哉……之言也"，"天真欲苦吾民耶？不然，何其……之甚耶！"一类之论调）。至徒发愤激之言，悲观之语，或仅求文字之工而实毫无主张者，亦均在"不可"之列也。然透辟之批评，不易发也。必也撰著者，学识广博，于政治经济社会诸学，研究有素，于本国及邻邦政治社会之历史，及当代之情事，知之极熟。每遇一事，先深思力索以考求之，设身处地以审度之。然后其所撰之文，方可望有独到之见解，原原本本，侃侃而谈，不仅一事之表而已。故欧美新闻社近多欢迎大学毕业生，入社论门担任编辑。愚亦深望吾国之毕业大学者，多置身新闻界，不让斗方名士，无聊政客，与失学青年，盘据其间，而日以谩骂及无谓之社论，呈于吾人眼帘之前也。

（三）用简明之文字

社论之文字，又须简单明了。否则纵使以新闻为材料，且有透澈之批评，亦难发生巨大之影响。因求其影响之大，须先求其普及。然苟文字艰深，难于速读，则阅者自少。若长篇大纸，则每日仅以少许工夫看报之阅者，将多因无暇而置之不看矣。若分数日登出，则阅者且多不爱看矣，遑云普及乎？故撰著时，编辑应用最经济之手段，以少数浅明之字，发表极充实之意见，切不可用古奥难明之字，或许多学理上的术语，以自炫学问。尤不可"拖泥带水"，以无谓空泛之语，虚占篇幅，每一意思应为一段，如此，阅者看时，方不费力，而可速读。若意思甚多，可分日分别以新题发表之。不宜作为一篇，分日登出。一日登出，则嫌冗长，故亦不当。

（四）抱正大之宗旨

社论之第四要素，为宗旨正大，否则纵有所代表或创造，无非不健全之舆论耳。主持笔政者，应有洁白之胸怀，爱国之热心，公平之性情听良心之驱使，作诚恳之文章，为众请命，或示人以途，总以国利民福为归。虽有所触忌，亦见义勇为，当仁不让。如是则其所撰之社论，自为读者所重视，政治因之改良，社会因之进步。若以此为凭藉，择一二要人而肆其攻击，或行其奉迎，因以博官猎贿，或受一人一派之指挥，发不问事实专偏袒一面之议论，是不明记者之责任者。其社论自不为读者所重视而无甚价值，因吾人虽能暂时愚弄多数之人，或始终愚弄少数之人，然不能始终愚弄全国之人也。

宗旨既甚正大，编辑应持研究之态度，欢迎反对者之言论，于通信栏中代为发表。是者则承认之，非者则答辩之。遇有不能自信之时，应别请专家代撰社论，以指导社会。

第十章 新闻纸之广告

新闻纸最要之收入，为广告费，至其卖报所得，尚不足以收回其成本，此世所熟知者也。故一报广告之多寡，实与之有莫大之关系。广告多者，不独经济可以独立，毋须受人之津贴，因之言论亦不受何方之缚束，且可扩充篇幅，增加材料，减轻报资，以扩广其销路。又广告如登载得当，其为多数人所注意也，必不让于新闻。故广告加多，直接亦足推广一报之销路也。故为一报自身利益计，实有谋其广告发达之必要。况广告者，乃有力之商业媒介，新出物品之发卖，旧货之减价出售，某物之优点何在，均可由此而传达于全社会，既动世人欲购某物之心，又促原拟购某物者之实行。新公司亦可藉此而招足股本，旧公司可藉此而推广营业。故其足以推广商业，毫无疑义。又广告者，人事之媒介也，例如有一公司欲请一经理而不能得其人，一人欲担任该经理而不能得其事之时，各登一广告，二者各如其愿矣。故为发达商业计，便利人事计，一报又有谋发达其广告之必要也。发达广告之法，最要者有二，即推广销路，与用有广告智识之广告员及广告经理是也。

登广告者，多觅销路最广之新闻纸登之，因其效力最大也。故销路广者广告多，销路狭者广告少，而求一报广告之发达，应先求其销路之推广也。推广销路，为道多矣，后当详言之。其一，则为登载正当之广告也。广告者，与货物有别，商人对于货物，无论何人，凡愿付相当之代价者，均可举以售之。而新闻社对于广告，则不可如是，当先审查其内容何如，若所说者为实事，而又无碍于风纪，则可登出之。若为卖春药、治梅毒、名妓到京或种种骗钱之广告，则虽人愿出重资求其一登，亦当拒而不纳。因登有碍风纪之广告，足长社会之恶风，殊失提倡道德之职务；而登载虚伪骗人之广告，又常使阅者因受欺而发生财产之损失。此损失纵使于法律上，不能向该新闻社索赔偿，而就道德方面言之，该社实有赔偿之义务。故一报常登不正当之广告，必致广告之信用扫地，因之其价值不堪问矣。最后结果，必为广告减少。因看报之人，注重广告者，亦为数不少。使有甲乙二报，内容相仿佛，然其于广告也，甲则选择审慎，非正当广告不登，如是所登者，尽为新书出版洋房招租某校招生等类之广告，乙则良莠俱取，治梅毒卖假货等类之广告，亦为登出，则甲之名誉自较乙大，而订报者，亦必舍乙而就甲矣。即登广告者，亦将因甲得社会之信任，舍乙而就甲矣。故一报拒绝不正当之广告，虽似于营业有碍，而实无碍也。登载不正当之广告，虽似营业有益，而实无益也。正当广告中之最足以推广一报之销路者，为分类广告，即将几种最普通之广告，如遗失、待访、招请、待请、招租、待租、新书出版、学校招生等，各为一类，聚于一处登之。此种广告，实乃小形之新闻。每一种类，均有一部分人，急欲取而读之。故如取价甚廉，使其发达，则足以推广一报之销路，毫无疑义。因此美国新闻社中，间有对于此种广告不收费者，即收费者，所收亦甚廉。收费之法常如下，由社中多备联单之小册，分送常登此种广告之商人，每册预收减成之费若干，俾商人之有此小册者，可随意于报中登小广告，而不甚爱惜。

尚有一层，与广告之发达有重大之关系者，即广告经理与广告员之得人与否是也。广告现已成专门技术，非泛泛者所能胜任，必请精于斯道者经理，方能谋其发达。夫商人以谋利为目的者也，使广告之刊登，能令其商业兴隆，博得厚利，则必不惜资而登之。现时所以多不愿登者，以其于商业无大补，徒为奢侈品耳，然非广告果无补于商业也，多因登者不知如何使其能易刺人目与令人不忘耳，否则鲜有不发生效力者也。求其易刺人目，则编者应知人者，以一己为中心者也。与其告以某事某物之可以利人，不如告以可以利己之为当。故编者心中，应常有货物与顾客二者，并存其间，对于货物之佳处，与顾客之利益，先有明了之见解。然后以平易简明之文，将其一一记出，如店伙之语顾客然，原原本本，绝无张皇招摇之概。

如是自能动阅者之兴趣，而激其观感也。若编者无一定之主意，仅开一货物详单，或徒以促人购物，道别家短处，及不关痛痒（如以"某某号广告"为题，下列"本号开设已若干年"，一类之千篇一律的话）之言，充塞篇幅，则与喋喋多言无异，徒滋人厌，虽用大字刊出，无益也。至求其令人不忘，则广告之刊登，应继而不辍。因世人强半善忘，昨日所见于报中者，今日或已不能复忆，惟坚持方能使其不忘。广告之文与式，使积久不变，千日一例，则又与读者之仅有数语刺刺不休无别，足滋阅者厌恶。故宜常以新者易旧者，不过新旧二者，亦应有相同之点，使人能认识其仍为一事耳。上之所述，不过要点，然编撰广告，需要专门智识，非多数商人所优为，已可见矣。设经理广告者得人，则可代商人编得当之广告，并指导一切，使其货品皆为应时之物，而索值又较市价为下。如是登出之广告，必发生较大之效力，而使其获利。商人见广告有效，必愿常登。从前视广告为奢侈品，或甚至视为慈善事业之荒谬观念，亦可从此打破，而知其为商业中必不可无之物，犹轮船之无汽，则轮即不能动也。广告固多不招自来者，然有待于招揽者，亦为数不少。使经理得人，必知招揽之方法，冬日则招揽冬货之广告，夏日则招揽夏货之广告。随时留心，随事注意，常能出新意，见商人所未见到者，急走而告之，为之拟适宜之广告，以备登载，如是则广告自不患其寥落矣。

广告可概分为五种，即寻常广告，特别广告，分类广告，附图广告，与联合广告是也。由新闻社随意安放于报纸之下面后面，或其他地位者，曰寻常广告；指定特别之地位，如在一页之前面，或在新闻之中间者（彼时应放黑线于广告之四围，以免与新闻相混），曰特别广告，插入图画于广告文中者，曰附图广告；图如优美，自足动人之心而生购买之意；又有一页或二页，附有写真之铜版，而为一地之数公司银行商号工场联合而组成者，曰联合广告。其特色在虽为广告，然骤视之，则似为一种纪事也。至分类广告，为将几种最普通之广告，各为一类，聚于一处登之，前已言之矣。此种广告，例登于一定地位，以便阅者查时容易，其长大抵仅三数行也。

第十一章 新闻社之组织

　　新闻社者，一制造厂也。国人亦称之曰报馆，或曰报社。其原料固多，而必要者，为墨、纸与新闻。其产品即每日所发刊之新闻纸。欧美之大新闻社，日必发刊数次，而每次页数，至少必在二十余版以上，有时竟多至四五十版。不惟世界各地最近之重要消息，罗列于一幅，且多有社论以批评之，又甚至有图片以说明之。而其取价之低廉，与其繁复之程度，又极不相应。夫他种书籍之长仅数万言者，常需数月而始告成，今新闻纸之字数，有时多至十万言，反至多不过二十四小时，即可发行。其神速何以如是耶？曰，此因新闻社组织之完备与其所用机械之便利耳，此章述新闻社之组织。至其所用之机械，俟于"新闻社之设备"一章中，再详述之：

　　新闻社内部之组织，大抵分为三部：（一）编辑部　采编新闻，撰著社论，及他种稿件如书评戏评等属焉。（二）营业部　招登广告，发售报纸，收发款项，及报务行政属焉。（三）印刷部 印刷雕刻事宜属焉。然因各社事务之发达有不同，因之其所用之人数与分工之精密，彼此鲜有一致者。大新闻社日刊数次，则用人甚多，分工亦甚精密。然彼此亦无完全相同者，若为小新闻社，则用人少，一人须办几种之事，故无论何种组织之详情，不能概括全体。下之所述，仅就欧美大新闻社言之，请读者举一反三可耳。

第一节 编辑部

新闻纸所登之材料，除广告外，概由此部供给。因广告以外之材料，非为新闻，即为意见，故此部多仅分为二门：（甲）新闻门，专司采编新闻之事。（乙）社论门，其职务为以新闻门所得之新闻为根据加以批评，发表对于时事之意见。两门为并立机关，彼此不受节制，不相侵越。若该社发行星期增刊，例于此部中增设"星期增刊"一门，专司编撰该增刊事宜。

社论门例有总编辑一人，并编辑数人，每日开编辑会议一次或数次，交换意见，决定对于重要时事之态度，然后拟出题目，指定各编辑，按照所决定之态度，分别编撰之。总编辑不必自著社论，不过评定各编辑所拟之稿，视其可否登载，遇有必要，加以修正润色而已。其最要之职务，为对于各事，为仔细之观察，精密之思考，提出其意见于编辑会议，以备讨论。此门例有一人，司征集及选登小说诗词等稿之事。

新闻门大抵又按新闻之性质复分为本埠新闻，外埠新闻，与特别新闻三股。每种新闻每日约占篇幅若干，各报均有其自定之办法。故每股每日所应供给新闻之数量，各报大抵有一种默定。

本埠新闻股，例有编辑一人，访员阅稿员画师及照像师各若干人。除访员之职务为采编新闻，前已详言外，兹述其他各员之职务于后：

（甲）编辑

编辑除督率并指导访员阅稿员，画师及照像师外，尚有下列职务：（一）决定访员之进退。（二）实行社中之政策 —新闻社之政策，不仅可于社论栏中发表之，且可利用新闻栏，以引社会对于某事之注意。例如在本社决定从事改良本城街道运动之事，本股编辑，可派访员查明何处街道甚坏，并派照像师，将最坏之处拍照，又可派访员往访修路工程师，探听修路之费，访问本城当局，探听其是否有修理之意，若其无此意，探听其理由，并访问政党领袖，询其能否于下届城议会中，提出修理街道之议案，总之，凡与改良本域街道有关之事，莫不派人探听，每日所得之结果，分别编为新闻而登布之。似此不独可引起社会对于改良街道事之注意。并供以种种事实,以备其研究改良方法之用。(三)采集临时发生之要闻遇重大事件忽然发生时,编辑应能处之以镇静,立时决定应向何处采集,并派何人前往采集,以便能于最短时间,探得确实之消息。

(四)创造新闻 编辑每日看国内各地及外国报纸时,如见有某地之事,为本埠所应有而尚未有者,可派访员往访本埠之重要人物与机关征求其意见,并搜罗关于此事之种种材料而登布之,此曰制造新闻。例如当编辑见某地报纸所登载关于该地孤儿院成绩展览会之新闻时,若本地尚无此种慈善之组织,编辑可即派一访员,往访本埠热心慈善事业之人,及热心公益之机关,询其愿否为本埠发起倡办孤儿院,或担任该院经费之一部。同时并请本埠新闻股之编辑,电嘱驻在有孤儿院之各地之通信员,报告该地孤儿院之历史与现状,并邮寄关于该院之种种摄影,以便登布之用。其目的在使本埠设立孤儿院事,因此而发动,而讨论,而成立。不独社会因此受益,且该编辑因此必增加很多之本埠新闻,并足为该新闻社增加声誉也。

(乙)阅稿员

在小新闻社,阅稿之事,系由编辑自任。但在大新闻社,则多请专员担任之,名曰阅稿员。其职务如后:本埠新闻在一报所占之篇幅,非无限制,故访员回社报告新闻时,编辑例指示何者应首先叙出并应用若干字叙出，以免访员编过长之纪事，徒费时间。访员编就后，交于编辑，彼掠观后，交于阅稿员。如以为仍须缩短为若干字，指示阅稿员缩小之，如以为有应行改正之处，则指示阅稿员修改之。彼时阅稿员应细心将稿看过，删其浮辞，改正其错误，去其琐屑重复之处。遇有与上次报告或素日情形不同之点，则要求事实之证明。并使讥诽嘲笑足发生名誉诉讼之文字，不夹入其中。修正后再于访稿前所留之空白，将所拟之题目写出，遇访员不能回社须用电话报告，时亦系由阅稿员接电代为编出，阅稿非易事也，因待阅之访稿甚多，常不能从容从事也。

（丙）画师及照像师

画师及照像师，受编辑之指导，预备各种插画及照片，以备登载以说明重要新闻之用。插画中之难能而可贵者，当推滑稽讽刺画。盖此类图画，作之甚难，不仅作者识见须博，能洞瞩一事之真相，画法须熟，能推陈出新，为前无类似之画，又须寓讽刺滑稽之意于画中，能引起阅者之注意，且一目了然也。

外埠新闻股，例亦有编辑一人，及通信员阅稿员接电生各若干人。编辑职务，为指导其通信员采编外埠之新闻，决定各通信社及通信员之通信是否可登，是否应缩小，而嘱阅稿员照修改之，并办理各地特版及通信员进退事宜。至通信员及阅稿之职务，前已述及，兹不再赘。接电生接收各处发来之电信，并发出致各处之电。

特别新闻股，专采编特别之新闻，如游艺新闻、市场新闻、金融新闻、戏剧新闻等。每种新闻，有一有该种专门智识之人为编辑。事简者，自任采编之事，事繁者，则有访员以助之。

发行星期增刊之新闻社，其编辑部中，除社论与新闻二门外，尚有星期增刊一门。此门例有一编辑，专办此事，有访员阅稿员若干人以助之。近二十余年以来，美国甚行星期增刊，平日仅二三十版者，星期日则数倍之。其中所登之新闻，与平日较无甚增减，惟杂著广告，较平日大增耳。七日中，记者以六日搜罗材料，大抵下星期之增刊，于事期一即从事采集校阅，甚有先将已校阅之一部分，预先刊就者。

第二节 营业部

此部均分为三门：（甲）广告门 不仅司理出售广告事宜，且有招揽广告之人，劝商家登载广告，又有计画广告之人，为商家编拟广告。（乙）发行门 司理新闻纸之批发零售与预订诸事。（丙）会计门 司理收付款项，保存银钱，购买货物等事。部中有一主任，总揽部务，每门有一经理，受其指挥，谋本门事务之发达。各经理之下，复有各助手。广告经理，有广告招揽人广告计画人等以佐之。发行经理，有寄报人派报人送报人及书记等以佐之。会计经理，有司帐人及书记等以佐之。此部之重要，在欧美新闻界中人视之，不亚于编辑部。因新闻纸如欲尽其应尽之职务也，须先谋经济之独立，而经济之究能独立与否，则大半系于营业部之办理若何也。故主任经理各职，各报多请有专门智识或经验者任之。

第三节　印刷部

此部常分为四门（甲）排字房　其中有剪稿人，于接到编辑部零碎送来之稿件后，即将每稿，黏成一长张，复分为相当之数段，每段由一排字人在排字机上排之以便缩短排字之时间。每段之上，注明为某稿之第几段，以便集合时，容易认出。复于一张纸上，注明某稿有若干段，以便交于排版人。排毕后，由排版人按照此纸上之记号，将各排字人所排之各段，按其次序列在一处，打一小样。由校对二人取此与原稿相比较之，其法为一持原稿将其背诵，一则看此小样，遇有错误之处，即加以应如何改正之符号。校对既毕，由排字人照符号改正，再由校对校勘一遍，如改正无讹，则留俟总排版时，由排版人取此稿与他稿，依编辑部及广告门之指示，各置于应置之处，合组成版，打一大样观之。如无更动之处，即送铅版房。（乙）铅版房　先将原版送纸版房，令其平直，以半湿之雁皮纸，加之于上而压之，使版上之字画深刻入纸上，高者成凹，低者成凸，立时用机烘干，送入浇版房，入铁铸之盘以热至沸度之铅，浇成铅版。（丙）印刷房　铅版成后然后送至此房付印，印时，用新式之轮转机，每小时可印数万张，且当报落下时，业已裁开折好数好，即可发出。（丁）雕刻房　用雕匠雕刻字画，此部例有一主任，以督率该部之进行。

第四节　审理部

上列三部之外，纽约世界报社近复应事实上之需要，增立一审理部。其他大新闻社，亦将继起而立此部，此吾人可预期者也。兹将该部设立之原因，与进行之方法，略述于后：

新闻纸如能尽其职也，其有益于人群，此举世所公认。然苟纪载失实，无论其出于有意之造谣与播弄，抑出于无意之疏忽与传讹，小之常足以使个人受莫大之损失与痛苦，大之足以贻毒社会，扰乱国家，此亦为不能掩饰之事实也。在昔日新闻纸自视为万无一失之时，虽明知何者错误，亦不肯慨然更正取消，自承其过，致有害者常有冤莫诉，惟有忍泪吞声，自叹其不幸而已。闻美国波士顿有一逸事，某报一日登一新闻，谓某君病故，某君乃该地小有声名之人，因之吊问者，络绎而至，然某君固未死也。颇觉不胜烦扰，遂至该新闻社，请其更正。该社答曰，本报向无更正之例，惟足下之事，似不宜置之不问，无已者登一新闻，谓足下复生可乎？此事虽小，可见当日新闻社所持之态度。今则各新闻社，渐有觉悟前此态度之非是者，而觉悟最深者，当推纽约世界报社。彼于西历一千九百十三年七月七日，设立一审理部（Bureau of Accuracy and Fair Play），当时宣布设立之目的，为"增进正确与公道，纠正粗心之处，并排除弊端与弄弊者"。该部以后对于通信员发出之通告，每必曰："纽约世界报社力求正确，力求对于看本报之人与其姓名见于本报之人，均极公道。"正确与公道，乃与新闻事业所万不能分离者。一不正确，常致无辜之人，遭受损失。一新闻纸之势力，乃藉读彼并相信于彼之人数以定之。"正确与公道"总括毁谤律，若所登者，兼正确与公道而有之，编者毋庸虑及该律也。

　　该部设有主任一人，总揽部务，并设副主任二人，赞助其事。其一则每日翻阅各报，取其纪载，互相比较，苟发见相为矛盾之事，则必穷其究竟，至得其真相乃止。其一则每日取社中校正后尚未付印之各种稿件，而精细检阅之。苟发见不合法之文字，即命编辑部更正，或没收其原稿，务使次日新闻纸中，无与人以口实之处，不仅此也，无论何人对于所登之新闻，认为全误或稍误者，该部甚欢迎其前来指出。指出之后，该部即着手为严密之调查，对于访员与编辑，亦加以精细之审问。务使水落石出，苟错误果在该社，立即为之更正，并向指出之人表示其郑重致谢之意，而对于社员之处分，则视其错误之轻重定之，不稍假借，至社员对于此部均有努力协助其进行之义务。

新闻社例有社长一人，对外代表本社，负完全责任，对内则决定社中之方针，监督各部之进行，解决各部之争议，采用更有效率之办法，预防诉讼之发生并维持社中之经济。凡须大宗费用之事，在举行之前，必须先得其许可。

第十二章 新闻社之设备

　　欧美各大新闻社之所以能每日制造其报纸非常神速者，除因其组织完善外，亦因其有事前之预备与使用最灵便之机器也。故设备亦为一重要之问题，本章所述，仅及其重要者：

（一）完备之图书室

　　图书室之完备者，其中不仅存储政治法律经济外交之书籍，地理物产风俗历史之图书，即一技一事之于书籍，国内外出版之杂志，各种成案，各团体章程，亦编目而收存之。又剪取各新闻纸中所登关于各类之纪事，分门别类而收存之，如是凡一问题发生，社论门之编述，有各种足资参考之材料尽在社中，一检可得先为切实之研究，然后下笔编撰。因此其社论，必较切实矣。即新闻门一旦欲调查一事，亦只须检阅新闻剪片，立可得其所欲得者，而不劳翻阅浩如烟海之全部报纸。例如当外埠新闻股收到某地通信员该地地震之报告后，如以该报告过于简单，不足满阅者之要求，即可派一人往图书室，翻阅地震一类之剪片，将已往他种重要地震之事实，编成纪事附登于该报告之后，如是数十字之报告立变为千余言之新闻矣。该室对于著名人物之历史与像片，例亦搜罗甚富，分号编列，且有将其历史预编为事略者。如是一内阁之更易，总理及阁员之事略与像片，可与内阁更易之消息，同时登载。一名人之死信传来，其事略与像片，亦可与其死信同时发表矣。

（二）宽敞之编辑室

各新闻社之编辑室，例甚宽敞，俾各编辑，及阅稿员访员等，能同在一室办公。同室办公，较之分室办公，实有优点。因分室办公，则遇重大事变发生，极应迅速办理时，必因须向各室一一报告，而致阻滞。且事多有与各部各门有关系者，用一人从中报告，不惟费时，且恐终不免有隔膜之处。今同室办公，则遇有事情，通知商酌均极容易，既免报告之烦，又无阻阂之处。如有一电话至，报告重要消息，听者当众宣读一过，人人即已知悉，设此时社论门之编辑，正撰社论，而此事适与所论者有关，即可用之以立论，其便利为何如。不过多人同在一处，喧杂必甚，非习于此者，往往不能办事，然处之既久，必又能安之若素矣。

（三）直达世界各处之电线

大新闻社，除装设电话机多具外，并向电报局订立合同，在该社中，特立分局，设有电线，可以直达世界各处，几如人脑然，有通达全身各部之经神。如此传递消息，方能神速而无延搁之虞矣。New York Herald 近复于社中设立无线电台，以接收海外之无线电。

（四）灵便之机器

各社所用灵便机器之重要者，有如下列：(甲)Linotype 排字机，此机能每一分钟排三十余字，远非人工所能及，且使每行字排就后，均铸成一铁块，移动甚易，不似活字之易于散乱，如是排版更加迅速矣。（乙）自动制铜版机，此机能于一分钟内，将一页报纸之纸模型，制成四块铜版。如是该社如有数架轮转机，即可将每页多制铜版，以便尽量使用各轮转机。此所以在极短之时间，可以印成数万份报纸也。（丙）轮转机，新闻社自用轮转以代替平台机以来，印刷之速力大增，最大之轮转机，每小时内能印一十二版之报纸约十四万四千份。并且使报纸落下时，业已剪好折好数好，立可交于卖报人。（丁）邮寄机，此机能自将邮寄各地之报纸，折好包好，并贴好上书收报者姓名住址之单，如是邮寄各地之报纸，又可神速矣。

第十三章 新闻纸之销路

一报之销路，与其生命大有关系。销路广者，势力雄厚，广告发达；销路狭者，势力薄弱，广告不旺。因此各新闻社每用种种方法，以求推广其销路并维持之。方法中有当者，有不当者，不当者之尤，莫甚于登载诲淫小说及制造猥亵新闻以迎合社会之卑劣心理。吾国报纸中，甚至有每日印送一张娼优之图片者，且登广告曰"本报今日随报附送名画一张"，是真为不知耻者也。正当方法，有如下列：

（一）增进材料之品质与分量

使一报所登之材料，不惟品质精美，而且分量丰富为各界人士所注意者，则旧订者自愿续订，即新订者亦必源源而来，此事之当然者也。故就品质言，一报所登之新闻，应确为多数阅者所注意之最近事实，所载之社论，应确为对于时事所下之正当透辟之批评，所收之广告，应确为毫无欺骗性质之商业与人事的消息。就分量言，材料应极丰富，不限于一界，不拘于一地，凡各地人各界人所注意者，莫不有之。例如新闻，不仅为本国的，政治的，对于外国的，社会的，商业的新闻，亦应详为纪载。如是则销路自广矣。此所以欧美大新闻社，除力求品质精外，每次发刊必二十余版也。吾国报纸，普通为八版，篇幅本已过少，复多无价值之材料，故销路极狭。欲改良之，除应删去无价值之材料，以节省篇幅，备登有价值的材料之用。如能再扩充篇幅，则尤善矣。

（二）减轻报资

报资重，则多有限于经济，虽欲订阅而不能者，报资轻，则需要广，销路定发达。此所以欧美大报之价目，不惟未因支出增加而加重报资，且反较昔日为轻也。

（三）发送之敏捷

发送敏捷，使报纸能早到阅者手中，亦足以扩广销路，因他事相等，阅者自愿订阅每日早到之报纸也。至市中叫卖，亦以先卖者之销路为最多。

（四）发起改革运动

社会中如有应改革之事，最好由新闻社发起此改革之运动，不惟于社会有益，且足以引起社会对于其报之注意，而订阅其报。

（五）设立问答栏

新闻报为阅者之便利起见，能立一阅者问答栏，尽社员之所知为其解决难题，或供以其所欲得之智识，如其良友然，最足增加阅者与该报之感情，故亦足发展其销路也。

（六）记者个人之道德

记者个人之道德，与其报之销路亦大有关系，使道德有瑕疵，例如受人贿赂，足以丧失社会对于该报之信念，而令其销路大受影响也。

总之，欲求一报销路之发达，全社社员，均应各尽所能，以谋本报之进善并增进阅者之便利也。

第十四章 通信社之组织

第一节 新闻通信社之组织

通信社中之功用最大者，当推新闻通信社，彼乃一种不出版之新闻纸，应事实上之需要而产生。因发行于城市之新闻纸，如对于各种新闻，概须自行采集，则必于本埠用访员数十人，于世界各重要城市用通信员多人，方能以各地重要之新闻，供给阅者，而无遗漏之虞，但此非易事，无巨额之支出不为功。而此巨额之支出，即最富之新闻社亦难担任。自有新闻通信社以同样之新闻，供给各报，而令其分担探编之费，此种难关解矣。各新闻社既可得各地重要之新闻，而经济上之担负又不甚重，所受便利，诚非浅鲜。惟新闻社大抵各有其特别注意之事与地，故近年来，虽新闻通信社组织，日益完备，所供给之新闻，日益丰富，而各新闻社仍不能不自有访员与通信员，不过无须多聘耳，新闻通信社有仅供给本埠新闻者，然巨大之新闻通信社如路透社等，则均以世界各地之新闻供给各报者也。就其组织之办法言之，新闻通信社可分为商业的互助的二种，前者乃私人之组织，其目的在营利，任何报纸，凡愿付一定之代价者，均供以新闻，路透社即此类通信社中之最完备者也。至互助的通信社乃各新闻社为公同利便起见，自行联合而组织者，各社员以各自所采集之新闻，报告社中，并由社中供以他社员所报告之新闻，社中费用由社员分担。凡非社员者，概不供以新闻，美人所办之联合通信社 Associated Press 即此种通信社中之规模最大者也。兹述联合通信社，进行之方法于后，以见一斑。

一千八百四十八年，纽约数新闻社，为谋彼此采集本埠新闻之便利起见，组织一联合通信社。后范围日益扩大，迨至今日社员有九百余家之多，而全世界之新闻，均为其通信之材料。该社纯粹为互助的事业，所有社中经费，由社员公摊之。其职务有三：（一）交换新闻　每一社员有将其所得之本埠新闻报告于社中之义务，同时有自社中得他社员所报告之他埠新闻之权利，所有媒介之责，该社任之。（二）采集新闻　凡该社无社员或社员不足之地，则自请通信员采集其地之新闻，为各社员之用。（三）购买新闻　他通信社所得之重要消息，由社中购买，报告于各社员。

该社将美国全国划分为数区，每区复分为数分区，每区之中，有一区事务所，每分区有一分区事务所。纽约之区事务所，曰总事务所，各事务所有电线相联，虽范围有大小之殊，而所司之职务则一。例如纽约总事务所，收到纽约社员所报告之纽约新闻后，即斟酌情形，电致他区事务所，及本区内之各分区事务所。有时用纽约社员报告之原文，有时因新闻价值之变化，删去次要之事实，而改编之。大抵发出之电，以改编者为最多，而致距纽约甚远之区事务所之电多极简略也。又该总事务所收到他区事物所之报告后，亦如上法办理，斟酌情形，电致本区内各分区事务所也。

第二节　他种通信社之组织

此外尚有所谓传记通信社，图片通信社，小说通信社者。传记通信社，专以供给要人之略传像片于各报为事，各报多购之，存于图画室，以待后用。至图片通信社，则以其通信员在各处所摄有新闻价值之图片供于各报为事。上次欧战时，各新闻社所登关于战事之图片，多得自此种通信社。至小说通信社，则专以小说及谐谈供给各报者也，彼等之功用，与新闻通信社同，均为以同一材料供给各报，而令其分担一部分之费用，以免各报因登该种材料，而感受经济上之困难也。

附　录

新闻纸之性质与价值

新闻纸之性质

新闻学之对象为新闻纸，英文曰 Newspaper，新闻纸特点有三：

（一）用一定名称；

（二）用纸印刷；

（三）继续定期发行。

新闻纸之区别甚多：由形式及材料上言，可分日报、杂志、通讯之稿等；就发行期而言，有日刊、半周刊、周刊、旬刊等；就时间而言，有朝报、午报、晚报等；就销路而言，有地方报、都会报等。更就编辑而言，有保守报，取稳健之态度，重理智之观察，多登载政治、外交各种重大事件，社会琐事，则屏绝之；有感情报，重大事件，固所注意，社会琐闻，亦所顾及，评论则重于感情；有黄色报（yellowpaper），较感情报尤进一步，非但乐载动人感情之新闻，甚且言过其实，以动人视听，每于新闻中加以奇特之穿插，致多失其本来面目，以迎合社会一般好奇之心理。例如火车相碰，死者甚尠，彼则张大其辞，虚云死伤若干，诚空前未有之大惨剧也。此外有专靠广告而支持者，有机关报为某机关鼓吹以得其报酬者，有津贴报专靠他人之津贴而立者，种类甚多也。

新闻纸之职务

新闻纸之发生为适应社会之需要，其在欧美各国，犹布之于衣，谷之于食，政客官僚，可藉以发表政见；学者人士，可藉以发挥学术；农工商等，亦可藉以互相介绍。其重要职务有四：

（一）供给新闻，（二）评论时事，（三）补助商业，（四）补助教育。例如新闻通讯社为供给新闻，现代评论等则为评论时事，杂志等则为补助教育，日报等则包括上列四项焉。

凡新闻纸须含有上列各项，方有可存在之价值，反之则否也。

人为求知动物，社会交际日繁，则互相关系愈密，故须明了一切，方可应付环境，顺乎潮流，新闻纸即系应此种需要而生者。兹分述之：

（一）供给新闻

（甲）求正确　新闻为多数阅者所注意之事实，故应加以考察，以正确为标准：

（1）不可以讹传讹　各种新闻，加以考察后，确系正确，始予登载。不可以讹传讹，以致失事实之真相。

（2）不可以推测为事实　推测固以事实为前提，但其结果不可加以肯定之词，致贻闭门捏造之讥也。

（3）不可颠倒事实　轻微之事，不可大之，重大之事，不可小之，须持第三者态度，不以己见为转移也。

（乙）求完全　凡新闻须整个的登载，勿作片面之宣传，为片面之报告，致失事件真面目，而发生不公平之评论。

（丙）求迅速　语云："新闻易老"；又云："新闻如鲜鱼"，盖云明日黄花之消息，正如失味之鱼，故新闻贵乎迅速，新鲜始有价值也。

（丁）求丰富　交通便利，新闻繁多，而应注意之事亦伙。是以新闻内容，宜力求丰富，不可偏于一国一地或一党一类事件，须竭力搜罗，以献各界。换言之，内容须力求丰富也。

（二）评论时事

新闻纸为国民之喉舌，世人有正当之意见，与公允之评论，非假新闻无从表现。其负评论时事责任之重要，可想而知也。其职务凡三：

（甲）供给各方平等发表之机会　新闻既为国民之言论机关，社外一切来件，但须所纪不虚，言之有理，不应问其属何党派，及与本报主旨向背，而予刊出，供世人之讨论，给各方平等待遇。

（乙）代表舆论　代表舆论，为新闻纸之重要职务，早为世所公认，凡每事件之新闻，应默察多数人之意见，为正当之发挥，作具体之判断，代表群众舆情。

（丙）指导舆论　新闻纸不仅代表舆论已也，对于不正当之舆论，应指导之而入正途；群众误解之事理，予以明白之解释，使得正确之评判，造成真正之舆论。

（三）补助商业

近代商业以世界为大市场，一般商业家，必争奇斗巧，使人知其货物种类名称及特长，然后销路可广，商业始有发达之希望，故必有待于宣传之媒介。新闻纸不翼而飞全球，其代登广告，因是项需要而发生也。且经商必明了时势状况，及各处商业情形，商家自行采探，匪特力之所不及，抑亦势之所不能，而供给之者，则新闻纸尚矣：此各报之所以特辟一栏，广载各物行市，以应商家之所需求，即新闻纸之补助商业也。欲求完美，其要件有三：

（甲）树立广告之信用　我人对于现在新闻纸上之广告，多不信任，以各报皆以卖地位为目的，故凡来登广告者，并不计及其真伪，悉予登载。于是人皆轻视广告，而广告之效力亦减矣。欲革除此弊，对于广告，宜负全责；即审察其内容之真伪，凡其人与一切龌龊之广告，概谢绝之，更宜进一步，要求登者自负全责，一觉虚伪，即行停止。如此初虽受相当之影响，然信用一著，必受阅者之欢迎，而商家亦必争先刊登广告矣。

（乙）提高广告之技术　广告今日已成为专门之技术，故报馆宜延聘对于广告学有研究者以担任之。绘画宜精美滑稽，始引人入胜；说明宜简练明了，使阅者易喻；配置宜巧妙，便于刺目。如登广告者之说明与绘图，而俱不美，报馆宜要求有予增改之权，如此不特予广告直接利益，而亦增色匪浅也。

（丙）充实商业新闻栏　新闻纸既有补助商业发展之必要，故各报多辟专栏，以专载商业新闻，力谋丰富，用最明洁之方法，以供给于商家。以上三者，如能实现，则报社所得之广告费亦随之而增加，因果相生，新闻纸一日千里矣。

（四）补助教育

文明各国教育普及，且多义务教育。似无待新闻纸以补助之矣。然学校教育期甚短，有新闻纸以补助之，则思想知识与时俱进。演讲所图书馆等之设备，终不若报纸之效之大而普及也。欲完此职责，亦有二条：

（甲）慎选材料　新闻纸所选之材料，必足以增进知识，培养道德者。盖中人之资，其思想常因其读物为转移。新闻纸为日间之伴侣，久而久之，其思想自能潜移默化，培养道德在是，败坏道德亦在是也。故新闻纸对于各种材料有益于人者，则鼓吹之，否则攻击之，为社会之明镜，人群之导师。不然事实颠倒，是非混淆，为不道德之暗示，则报纸之价值乌乎在？就知识言之，如国内外之大事，经济教育等等之思潮，一一汇录，作系统之批评，或介绍时人之伟论，以为世参考，俾阅者每日以最短之光阴，而学业与知识上获最大之利益。使报纸于阅者有若图书馆及知识杂货店。否则仅以诲淫之词，风流之案，以充篇幅，博阅者之欢迎，则下等之黄色报矣。

（乙）文字浅明　新闻纸为一般人之读物，且一部分忙碌之人，故其文字宜以最明浅为主。叙事应流利通畅，条理分明，使阅者一见即明白如昼，庶无愧社会教育之荣誉也。

新闻之分析

新闻究为何物，关于此问题，可由两方面观察：即一由阅报之读者，而一由办报之王者。其答案则新闻者，多数阅者所注意之最近事实也。夫新闻之为事实，无待赘言，但事实真相，往往不易探得。姑无论如何，该员及编辑皆可认为一种新闻，而设法订明其真伪，以定去舍之格。故消息与新闻不同，消息乃未经证实之新闻，新闻乃已经证明其可靠之消息而具有新闻之价值，始可登载也。缘是新闻与小说不同，小说可以理想杜撰，未必有其事，新闻则必为事实，毫不容涉及捏造。故凡新闻之未可靠及假定者，皆应屏绝登载也。但可靠之事实，又必以最近者为限。如二十四史之材料，不可谓不可靠也，而乏新闻之价值者，则因其为过去之陈迹耳。盖历史与新闻有别，历史为死新闻，新闻则为活的事实，且为未来之史料。然最近二字，亦有限制，即以交通之状况如何为标准。如美国交通便利，通信事业发达；国内电线，密如蛛网，国外无线电，又亘世界，无论任何事情发生，距离远近，访员皆可随时随地报告，且极迅速，报费亦甚低廉。凡事皆在二十四小时以内，过去多视为"明日黄花"。纽约报社，每日常发刊四五次，晨出一次正报，午晚则出三四次增刊，以报告此数小时内之事实。而最近多以十二时内事为范围。吾国交通梗阻，通讯机关不发达，而边陲各地，如新黔藏等尤甚，不得不稍宽格。所谓最近者类指近数日事，不过各地交通情形不同，所谓"最近"遂略有差异，难有一定之标准，而超过最近标准之新闻，有时亦有登载之价值。则以该新闻之价值，是否随时间而消灭为定。如今日公债之行市，明日已不同，其价值亦因之而降低。但有时亦可节要补登，而无害于新闻。如时人名人之死，纪载多叙述其过去行为或传略，此旧事且增新价值，是谓"旧闻活用法"。不过此种旧闻须附于最近发生之新闻，始有价值而已。

新闻应为最近之事实，且应为多数阅者所注意者。如一人正在上课，虽为最近之事实，然不为多数阅者所注意，而乏登载之价值。譬如一车夫骤得一极厉害之传染病而死，或者为人暗杀而死，车夫虽不为多数人所注意，而其病关系多数人之安危，其被害事为社会之案件，因此特别之情形，即可视为新闻，而亟予登载。又如纽约有一富翁死，彼在地方有相当位置，在纽约可视为地方新闻而发表，在国外则无登载之必要。因国外之读者，与此富翁无丝毫之关系，即无注意之必要也，但使此富翁临死时，遗嘱将其遗产全部捐赠为建设世界各国之慈善事业，则各国报纸，皆视为重要之新闻而登载，且因是注意其死之情状，致富之原因，事业之计划等。盖读者并不注意此富翁个人之生死，乃因其遗嘱将财产捐赠于国际事业，始引起注意心也。且关系之范围极广，非一二人为最多数者，故有详细纪载之必要也。

新闻之为物，至为无定。某大学最近之事，某大学之人注意之；出乎某大学则注意之人少而价值亦比例而低下。正如甲地之地方新闻，在乙地多视为无足轻重，以有地方性也。综上以谈，新闻不仅为最近之事实，且应为多数阅者所注意者也。质言之，新闻者最近之事实而为多数阅者所注意者是也。

吾国新闻界每谓"有闻必录"且援用成例。实则在理论上绝无存在之价值，不遇处现时言论尚无自由可言，或于事实可得相当之保障。而此暂时之现状，其流弊乃无穷。试问无论任何消息，不问其确实与否，而即认为事实而登载之，其结果必致以讹传讹，混淆是非。无意中竟受人之利用，成为造谣之机关。即退一步言，所闻均系事实，亦未可即予登载，而须经审定是否为最近之事实及多数阅者所注意者。何况报纸之篇幅有限，安能尽所闻而必录耶！吾国之所以用此语者，似由不自爱惜者，假此以达其他种不正当之目的。

他日新闻界进步，言论有自由纪载之权，此语必归淘汰无类也。

新闻究为何物，既如上述。综要言之，新闻一须为事实，二须为最近者，三须为阅者所注意者，且属最多数。故记者于得到各种消息后，首先问其为事实否，为最近事实否，再用一定之标准，是否为多数阅者所注意。合此条件，可予登载，否则字纸篓材料也。

新闻之精采

新闻之精采 Feature of the news，即以平衡消息之去舍。精采云者，乃足以引起多数阅者注意之事实也，兹分论之。

（一）**个人之关系**　一般人对于不关己事，多存莫管他人瓦上霜之心，而关己事虽至微细，则未尝一夕去怀。故各种消息，凡与多数阅者发生密切之关系，则可断定为多数阅者所注意，而可视为新闻登载。此引起阅者注意之点，即新闻之精采也。例如金融之涨跌，银行营业之失败，一般人多有切肤之关连，则可视为绝好之新闻材料。又如煤荒米涨时疫等，皆有同一之价值。他如社会之安危，政局之变动，关系极大，尤须详载也。

虽然，与阅者无莫大关系之新闻，亦多有登载之价值。如著名之人物及机关，与事情之反常者。例如黎黄陂之学佛，溥仪之出洋，汪精卫之生活，虽与多数阅者原无关系，而以其为名人，遂惹多数人之注意，新闻记者亦视为珍贵之材料而登之。且不仅注意名人已也，亦并注意名机关，如总统府，故宫博物院，及大政党本部之一言一动，多见于报纸是也。至事情之反常，可以举下列为证，京津火车通行，非新闻也，一旦若出轨或误钟点，则出乎常例而成新闻矣。昔某报记一农人一百三十一岁，子女共三十人，长子已九十三岁，幼子仅五岁。此新闻非记农人也，乃记农人事之特异也。故美国 Mr. Daua 谓："狗咬人，非新闻也；人若咬狗，则为新闻矣。"此诚的语也。

（二）人类之同情　人类非纯注意己事及奇事已也，凡足以得人同情，纵不关己事，亦所注意。此项事实，约分三种：（一）生命之损失　如火车出险，死人数目，以多少为比较，死人愈多，则人类哀悼之同情愈深，而注意愈大。又如商轮遇险，人物俱没，此大惨剧，无不视为要闻，而登于重要位置也。（二）财产之损失　财产之损失，亦足引起多数人之注意，如前土耳其大火警，损失有数千万之巨，流杂失所者二十余万人，凡阅者见此巨大之惨案，未有不亟想知其究竟者也。故全世界报纸，皆争先登载之。（三）可悲可敬之事　事之可悲可敬者，阅者亦极注意，如席上珍、刘廉彬诸女士之死，全国报纸刊其事甚详，然观二人之事业，无一惊人。所以详刊之者，悲其遇而敬其志也。五卅案报纸连篇累牍，不厌求详，亦以其事件可歌可泣也。（四）地方色彩　某地方一种新闻，于某地方范围内，皆极注意。他处则注意者少，以有地方性也，故仅列为地方版而已。是以新闻不单问其本体之性质，应注意其外附之事情焉。

此外如各种比赛胜负，奋斗之运动等，皆新闻之精采，记者应有明确之观念，敏锐之眼光，于种种新闻中，提出其最精采处，引起读者之注意可焉。

新闻之价值

新闻社每日所得新闻，有如山积，其刊出者仅若千分之几。而此刊出者，置前置后或详或略，则全视乎新闻之价值。价值者何，即注意人数之多少，与其程度之深浅是也。故新闻之取合，可取数者而比较，以精采重要之程度，及精采之结合如何为标准。如含多量精采之新闻，其价值自大。而可定一标准，新闻之价值，以精采之重要及结合为正比例。同一新闻，其价值之不同，以发生及登载之时间为反比例。相隔时间愈短，则价值愈大，愈长则价值愈小。因此各国报社，皆钩心斗角，缩短时间，以保存有新闻之价值。其法如下：

（一）**采集与报告之求速** 昔时探访新闻及报告于报社，多用书信及面述，至费时日。自电报发达后，探访及报告，多利用电报及无线电，便利而且迅速，价值之大增。而欧美各大报社，力图敏利，且自设电线及无线电台海底电等，自供专用，尤为快速可惊。近更发明电传照像及原文，其增新闻之声价尤大也。

（二）**每日发刊次数之增加**　每日报纸，仅发刊晨刊或夕刊一次者，出版后所有重要新闻，均非隔日不能登载。新闻价值，每因是而低减。各新闻社群谋改良，乃增加发刊之次数。有多至七八次者，前以二十四小时，始可报告之消息，今数小时可报告于阅者矣。吾国则因种种阻碍，报纸不甚发达，有重要事件，惟有刊行一简陋之号外耳。他日进步，当取法欧美无疑也。

（三）**随时皆可改版**　当编印已竣时，忽得重要之消息，不宜待至下版者，则用临时改版法。即将比较不重要消息取出，插入重要之新消息，此法近已通行欧美，故所谓"昨日"事，绝未之有。即今日事，亦嫌欠清晰，多改用"方才""几时"等字样矣。至改版手续殊简便，以用 Stop press 也。

然新闻之价值，随地亦有异，大抵以发生新闻之地为中心，而以距离远近为价值高低之正比例。较近则注意者多，价值较大，稍远则稍减矣。故有专供本地之地方版，专详载本地之新闻，外地则不附送焉。综上可下一公例曰，同一新闻之价值，以发生及登载相距离为反比例。而评衡则赖乎素有涵养训练之良记者也。

《新闻学刊》

新闻纸与社会之需要

新闻纸乃应社会之需要而生，在今日欧美社会中，几如布帛菽粟而为世人生活上必需之物。政治家假之以发抒政见，商业家假之以考查商情，文人假之以发表作品，优伶假之以广招座客，失业者假之以寻找职业，居家者假之以购买廉价之用物。社会各级人士，无论贫富贵贱，几无不以阅报为每日必要之行事而不能一日或缺。社会之需要既繁，故新闻纸之职务亦众，其最重要者有四，即供给新闻，评论时事，促进商业，补助教育是也。新闻通信社之通信，仅以供给新闻为务，杂志则大抵注重于时事之评论，与教育之补助，至完善之日报，则每能兼上列四种职务而尽之。故上列职务，新闻纸固不必全尽，但必于四者之中，至少尽其一焉，方有存在之价值。

人者，求知之动物也。处今之世，人与人之交际既极频繁，而社会之关系又至复杂，社会之事实复多瞬息万变，欲求适应环境，自须周知时事，庶能了然于社会之情状，世界之潮流。否则如盲如聋，对于社会，自难有所贡献。纵偶欲有所设施，必多违反潮流，背于事实，而有动辄得咎之虞。因此世人欲知新事实之念，较昔尤切，不复能苟安闭塞矣。辛亥武昌起义，四方响应，万目睽睽，咸注意革命消息。各地报馆门前，日夕肩摩毂击，争探战讯，其求知之热，至为显然。惟此仅一例耳。然天下至广也，人事又至繁也，而人又散处不能尽相见也，其何以广览而周知哉。自有新闻纸应此需要而生，以供给世人所注意之新事实，即所谓新闻者为职务，凡可传之事，无不遍播于天下，世之览者，遂皆能足不出户而知天下事矣。新闻纸中有能完满尽此职务而不愧为社会之耳目者。有不能称职者，此则视其能否力行下列条件耳。

（一）求正确

即所登新闻，概须为曾经查明属实，或认为毫无疑问之事实。错误自不能免，第须不确实是求。一不可闭门捏造。二不可轻信谣言，以讹传讹。三不可任意推测一人或一派行为之动机或用意，而即认为事实。四不可对于事实有意加以颜色，以混淆之，颠倒之。

（二）求完全

即关于同一事件之各种情形，均应据实完全登载。须知每一问题，必有两方，自须双方兼顾。切不可专选登利于一方及不利于他方之新闻，而将利于他方之新闻，隐匿不登，或登之至简，以蒙蔽阅者，使其受片面纪载之恶影响，而不能为公平之判断焉。

（三）求迅速

即应设法以最新鲜之事实供给阅者。盖新闻易老，其价值与鲜鱼之味同。鲜鱼过时稍久，则失其味，新闻登布稍迟，其价值不失亦损矣。

（四）求丰富

吾人因智识进步，交通便利，所注意之事物日益加多，故新闻供给范围亦感扩大，不能以本埠新闻及本国要闻为限，即他国要闻之能引起国人注意者亦应供给之，不能以政治新闻为限，凡宇宙各种现象如教育商业斗杀情死结婚等事，不分精粗，不论巨细，苟为众所注意，均应择要而一一揭载之。又新闻纸之阅者常不限于一性一界也，凡男女老幼，士农工商，各界之人，莫不具备。故日报之对于新闻，又不能以普通新闻为限，即特殊新闻如妇女新闻经济新闻等，亦应供给之。总之，各类新闻，每日俱有，乃普通日报供给新闻之原则也。

近代言论思想自由人好议论。卓识远虑之士尤乐发表意见，以指导群伦。使无刊布之机关，则其思想见解，无以达于全国，而收讨论切磋之益。又近代之事，内容常至复杂，利害常至隐晦，使无人为之出明指导，世人每不能判定其是非利害。而公众之情感与愿望，就赖有人为之罄吐，以收民意之效。一部份之新闻纸，即应此需要而生，一面供给世人以发表意见及互相讨论之机会，一面复自行提供意见，以供世人采择，发挥民意，以督责政府与社会。此评论时事，所以为新闻纸重要职务之一也。新闻纸如欲完满尽此职务，则于下列各点应力行之。

（一）言论公开

新闻纸予各方以平等发表意见及讨论之机会，故应欢迎来论。凡投稿能言之成理，持之有故者，不问其见解主张之精粗激随，以及与本社所见相同与否，均应一一登布之，以供世人之研究，听公众之判断。

（二）代表舆论

西人常云，新闻纸者，国民之喉舌也。国内各报发刊时，亦多以代表舆论自许。代表舆论，诚报纸评论时事重要目的之一也。故评论记者，平时应默察国民多数，对于重要事件之舆论，取其正当者，著论立说，代为发挥，言其所欲言而又不善言者，或不敢言者，以监督本国政府，外国政府，或社会之各团体，或向各方提出人民之请求与愿望。若记者为富贵所淫，仅秉承一派或一人之意见，而著论发挥，则机关报耳，不足云代表舆论也。新闻纸为社会产品之一，故亦受社会之支配。如因愿为机关报，对于国家大事，显然发表与国民舆论相反之意见，则必见憎于社会，而失其本有之势力，如洪宪时代之《亚细亚日报》等是也。惟报纸代表舆论，固博民众之欢迎，亦常触当局之忌怒，而有报馆被封记者被捕被杀之虞。此在我国尤然。遂致记者每存明哲保身之想，而不敢十分代表舆论，否则注册于外国政府，以博对于本国事件之言论自由，此诚为莫大之憾事。在当局固为不智，然记者即因此畏首畏尾，亦为不可，盖当局压迫报界之时，每为舆论急待倾吐之日也。故伟大之记者，应有大无畏之精神，见义勇为，宁牺牲一身以为民请命，不愿屈于威武而噤若寒蝉，况全国报纸，如能同起而代表舆论，则政府虽有意干涉，亦莫可如何哉。

（三）指导舆论

报纸评论时事之目的，除为民众喉舌代表舆论外，尚应立于社会之前，为社会之导师，指导舆论，以纳人事于轨物焉。故评论记者，对于内容复杂之时事，应罗列事实，加以解释，将其因果变化，乃至直接间接所生之一切影响，皆于最要之点上，加以适切明白之说明，使阅者能为观察绵密之判断。对于关系重大之时事，记者应自行提供透明无色切实稳健之意见，或约请对于此事有专门学识或丰富经验之人物，或负有社会重望之人物，撰著专论而刊布之，或博访周谘编为谈话而登布之，以备阅者之采择。对于群众应注意而尚未注意之兴革事件，记者应本纯洁之精神，高尚之思想，远大之眼光，细心研究，著论倡导，阐明其关系，说明其理由，列举其办法，旦旦而聒之，月月而浸润之，大声而呼之，谲陈而激之。初每无甚效果，然鼓吹既久，必渐能激起阅者之注意，提高阅者之兴味，使其变成公共问题，发生正当舆论，终至应兴者果兴，应革者果革也。若盈篇累幅，断断于琐屑，肆力于谩骂，或舞文弄墨，或标奇炫新，均不足语指导舆论也。惟于此有应注意者，即指导宜以渐而不宜过急，宜步步为营，而不宜奔驰千里。盖无论何事，苟超迈群众程度过远，则曲高和寡，必难成功。盖世运之进步，非将五十步百步，一足飞渡，乃步步循序而进者也。故指导之妙谛，在能使社会了解，即其见地只能先社会一步，于是稍经说明，即能号召群众，随之前行，而尽其诱掖之能事矣。

近代之大商业家，多以全国或全世界为市场，竞争至烈。故商人须争奇斗巧，竞事宣传，使世人熟知其商品之名称与特点，以争主顾之顾盼。然若无一无远弗届之物，为之登载广告以为媒介，则其宣传所及，终属有限，此而无远弗届之物，惟新闻方能当之。又近代商业之运用，须以事实与智识为基础，故商人不能墨成守法，须明了各地之商业情状，方能精密计算，敏捷设施，以争胜于商场。然此项商业新闻，若概行自行设法采集，则所费甚巨，常为力所不及，势须有一物焉，代为搜集，以极廉价格供其需要方称便利，而此物又为新闻纸能当之。盖除通信社稿外，其他新闻纸，莫不有广告栏，为商人刊登广告。规模较大之日报又莫不有商业新闻专栏，将重要商场之金融贸易物价市况等消息，逐日披露，复登布专家对于商业问题之意见，以备商人之参考。于是商人仅出极微之报资，即得知商业之现状与趋势，而为握奇制胜之设施。近代商业之伟大发展，新闻纸实与有功焉。故补助商业，亦新闻纸重要职务之一。报纸如欲完满尽此职务，则下列数点须力行之。

（一）树立广告之信用

世人对于广告，每生鄙夷之心，因报馆多只知出售广告地位，而不问其内容，于是龌龊之广告有之，虚伪欺人之广告亦有之。鄙夷之心既生，广告之力自灭。故报馆应抛弃从来此种不负责任之态度，对于来登之广告，均应审查其内容，举凡一望而知其为欺人之广告，如包治疾病及算命看相等等类之广告，一望而知其为龌龊之广告，如春药揭帖妓女启事等，均应拒绝不登，至其他广告，除一见即知其为毫无疑问者外，应使登者先行保证其可靠，证明其确实，或甚至由报馆先调查其真伪，再定收登与否，于是报纸所登广告，不啻商业新闻，自深得阅者之信任，而广告之效力自益宏大矣。

（二）提高广告之技术

广告现已成专门技术，非泛泛者所能胜任，报馆应请精于斯道者专司其事，指导登者，甚至代撰广告，务使所刊广告，措辞既巧妙动人，配置复优美夺目，寂寂数语，能触动阅者之需要，引起阅者之信用，于是则广告之效力尤大矣。

（三）谋商业新闻栏之充实

应以敏捷之方法，采集各种新闻而登布之，复时登精确之商业评论，以资商人之借镜，如是则商人必争相购阅，受益匪浅，报纸自亦因之而畅销矣。

欧美教育发达之邦，莫不实行强迫教育，惟实施之范围，现尚止于小学。小学例有一定肄业期限，期满毕业后，则续学与否，听人民之自决，人民因生计之关系，多从此辍学。故各国教育之统计，均系中学生较小学生为少，大学又较中学生为少，能入大学院升学者尤寥寥可数。故世人在校受学之年，为期至短，多数所受，实止小学教育，使无补助机关，于其出校后，时常启发其智识。砥砺其精神，则何以发展其能力思想而收与时俱进之功。此各种学术杂志，职业杂志，以至通俗杂志之所以兴也。普通日报，亦有补助教育之效，盖日报所载之新闻评论，以及其他材料，泰半为世人每日精神上之食料，能于其思想行为或情感上，发生若干之影响。矧日报日与群众相亲，故群众日在其教育作用之中，因此其补助教育之效力，反能较杂志为大。然新闻纸此种效力，不仅及于已出学校之人，即在校学生亦多受其赐。盖学校科目有限，教材呆板，多悬想而少事实，常不能餍学生求知之欲，而尽诱掖之能事。今有新闻纸从旁补助，或提供时人之思想言论，或报告千变万化之新事实，于是学生之智识益增，思想益进矣。在教育发达之邦，新闻纸之重要已如此，在教育幼稚之邦，其重要自加甚焉。故新闻纸者，社会之导师也，世人之无边大讲座也。补助教育，既为新闻纸重要职务之一矣。欲完满尽此职务，下列二点应力行之。

（一）慎选材料

即所刊载，均应为于智识有所增益，道德有所培养之材料，若一无所具，则应摈弃弗登。盖于智识无所增补，则刊之有何益，于道德无所培养，刊之反恐有害。世人多系中人，导之东则东，导之西则西，习于善者善，习于恶者恶，新闻纸既几成人人必读之物，日侵月久，自有移风易俗之能，耳濡目染，必生潜移默化之效，故新闻纸可以培养阅者之道德，亦可以败坏阅者之道德，惟视其所选材料为如何耳。若所登材料或介绍学术，或输入思潮，或记名人之言行，或论处世之真理，自于阅者之道德有所培益。若记者能秉笔如董狐，褒贬如春秋，美刺如国风，对于合理之事，公益之举，助之张目，不合理之事，自私自利之举，抨击无余，人有善行，则尽量表彰之，使其受舆论之赞扬，人有恶行，亦振笔直书，如禹鼎铸奸，魑魅魍魉，无或遁形，使其受舆论之制裁，则新闻纸之力量，虽未必荣如华衮，或严如斧钺，然足以动阅者向善之心，遏世人为恶之念，则毫无疑义。盖社会上之势力，未有强于舆论者，而发生舆论之重要机关，则新闻纸是也。新闻纸果能如上所云，自不愧为社会之明镜，民众之导师。然若新闻则颠倒事实，评论则混乱是非，恶者为之粉饰，甚至誉之如神圣，善者任意诬陷，甚至詈之如虎狼，群众受其蒙蔽，舆论因以错乱，必致恶者张胆而善者灰心，阅者之道德，无形受其戕害矣。若更登花国之新闻，章台之月旦，香艳之诗词，诲淫之小说，娼寮之广告，妓女之照片，岂仅自降新闻纸之品格，而成为一种消闲品，且予阅者以种种不道德之暗示，必致世道人心同归悬化也。可不慎哉？以上系就道德方面慎选材料之必要也，就智识方面言之，亦然。材料正当，足以增进阅者之学识，启发阅者之思想，开拓阅者之眼光，如不正当，不惟于阅者之学术无补，甚至足以窒塞其思想，狭隘其眼光也。故日报对于新闻，凡国内国外之大事，均应有明确之报告，经济教育等新闻，均应各立专栏，使阅者不出户而能知天下事，且检阅甚便也。对于评论，凡当面之重大问题，均应有所贡献，或罗列事实而说明其关系，或发挥民意而提出其主张，或报告观察研究之所得，或介绍名流硕学之言论，使阅者对于时事，能为观察绵密之判断，此外尚应发行增刊或附刊，载学术上及文学上之作品，或讲学理，或评新书，或叙游历，或记发明，使阅者稍破工夫，即可得无数有用之智识。日报果能如是，则阅者手此一纸，如亲师友，其学术思想眼光之受益，自非浅鲜，而此报之不愧为阅者每日之图书馆，或贩卖智识之百货店，亦不待言矣。若材料贫枯，仅有不实不尽之政闻，浅薄空泛之时评，谈奇志异之杂组，盈篇累幅，而于实业工艺商务妇女体育文学美术种种人类关心之事件，则不能罗致之，讨论之，介绍之，自于阅者之智识无甚裨益，或甚至有损害。若更以香艳诗词，诲淫小说，秘史风流案之类充塞篇幅，则又下一等矣。

（二）文字浅明

除少数特殊杂志，以供专门学者阅读为目的外，一般杂志及日报，均系为供群众阅读而设，故其文字宜浅明易读，一使人人能读，即无论智愚，均能了解其意义，二使人能速读，即阅者毫不费力而即能了解也。现时阅者用以阅报之时间，多极短促，设须思索而后得，词待再读而后明，甚至须查阅字典辞书，方能了然，则不惟至为不便，且多数阅者恐亦无此闲暇也。欲求浅显易读，新闻纸宜以极平易晓畅之文字，为极有条理之叙述，标之以符号，点之以句读，文体毋求奇哀，词句毋尚古奥，即论最专门之学，如科学谈之类。亦宜皆以浅显之笔出之。新闻纸果能如此，则其记载人人能读之，且能速读之，其补助教育之效，日益宏大，而其销路亦必因之而广也。若更能文字简练，饶有兴趣，则尤妙矣。

新闻纸因应社会之需要而有上列四种重要职务，故为社会之公共机关。其宗旨尚纯正，态度取稳健，新闻贵敏确，特论期弘远，广告宜慎重，然后乃能指导舆论，代表民意，增进商业，增进民智与民德也。新闻纸既为社会之公共机关，故其记者亦为社会之公人，责任匪轻，处之宜慎，遇事当求其真，发言应本乎正，本独立之精神，作神圣之事业，信仰取得，权威自立，尊严立见。世有误认报纸为文人游戏三昧之笔，舞文弄墨之场者，有误认报纸为达到个人目的之武器，藉以博官腊贿者，有误认报纸为一人一派之机关，其均可以返矣。以上乃就报纸之公的方面而言，然报纸虽为社会之公器，应以社会之利益为利益，但究系私人独立经营或集资经营之物，而非社会所公有，自亦不能无私之一面。以营业维持新闻纸之生命，乃至正当之办法，亦凡百商业共有之义。所应注意者，即如何方能公私兼顾，复能不以私而害公也。

《报学杂志》

新闻事业之将来

以前之新闻纸的发达顺序，由抄录而传消息，目前情形，颇有一日千里之势。则未来趋向，足可供吾人研究，非若前此之简单，即以吾所见，其将来必须有四种化，此四种化者，盖即新闻事业进步之预征也。

一　报纸之公共化

所谓公共化者，乃因新闻纸与社会关系愈趋密切而言。夙昔执新闻纸业者。辄以新闻纸为其个人私产，此殊失当。夫吾侪献身于社会时，即当视此身为社会所有，遑论其所执业。而社会之进化，以近代情形见之，得力于新闻纸时为尤多。若新闻纸进步猛锐，社会进步，亦必因之增速，此可断言也，更可于三种情形中以见吾说之非谬。

（甲）政治方面　现代之政治为多数人之政治，非复与昔日之专制。所谓多数人政治者，将政权自少数人掌握中接交多数人也。此多数人未必俱富有新颖之政治常识，则其如何研究，将恃新闻纸以知识供给之矣。设一新闻纸所记载消息全属推测捏造，影响于政治，即所以遗害于社会。甚至有不良之新闻纸，颠倒消息以刊布，或者将正确消息隐匿，此种自私之结果，一旦大白，徒坠其身价而已。故视新闻纸为社会公有之记者，其布一消息，定力求正确与其完全，于政治上，不作任何方之牺牲品。凡正当之议论，且将予各方面以平等发表的机会。而记者有所议论，亦必诚实，藉供执政者参考。一新闻纸，或可作政治之中心点，力亦伟哉！

（乙）**教育方面** 从来社会不大承认新闻为教育机关，此实错误，实则新闻纸在教育之地位，当较其他任何为重要。其他之教育无论其范围若何，终小过版面的，独新闻纸上之教育，为普遍的。吾侪可从新闻纸上而得高深学识也，宁非教育而何。且新闻纸上之教育，更能影响转变人类之感情思想与行为，使未受教育者而受新闻纸上之教育，受教育者愈多，则新闻纸上之教育非耳提面训一一呵之也，新闻纸上之教育可同时张布其势力于大家多数人也。

（丙）**宣传方面** 弗论政治外交以及商行之宣传，皆恃新闻纸为中鹄。因新闻纸供献于大家多数人之前，其宣传能力乃至巨，如外交方面，新闻记者可以代表全国人士舆论，以舆外人相周旋，而力之所至，得各国人士信仰，则宣传力已被于全世界矣。但今日我国新闻纸，辄因"不负责任"与"无强制力"之故，乃失其宣传所有之能力。世人对其已失信心，纵其言果当，世人亦不认为真，则曰此不负责任之言也，此被压迫之言也。信若是，宣传云乎哉。苟新闻纸所宣传为世人信仰，世人且以其宣传据为自己意见，收得之效果，更不可以言喻。惟此所谓宣传决非不正当之理论，使世人蛊于邪说也。此所谓宣传，盖用极准确言论，导世人入于正当乐园也。

二　报社之商业化

今日吾国之新闻纸，除一二渐趋革新者外，鲜有能知商业化之意义也。多数不良之报社，其主笔与经理，方蜷伏于小室中，日日摭拾腐败新闻数篇，以充篇幅，而后日刊几十页，此几十页之新闻纸，又大都赠阅，报资无有也，广告亦无有也。吾述至此，人且疑吾言之非信，盖不知此主笔经理，将何以支其生计，但是中乃隐有黑幕在，曰津贴与竹杠，凡此几十页新闻纸，乃一一供献予其津贴者之前，以求戋戋糊口之费。上焉者为机关报，以全部售于一人或一派，下焉者今日甲盛则迎甲，甲衰则迎乙，凡此"卖身投靠"之种种现象，因非吾所欲述之商业化也，吾所谓为新闻社商业化者，大别有二：

（甲）报纸销售　以吾人夙昔理想，报纸销售当然的为新闻社之最大收入，孰知竟有不然者，一束的新闻纸，往往订价甚廉，反不足偿其白纸之费，此亦大谬也。实则新闻纸销路广，广告亦增多，在登广告者固择销行最广之新闻纸以刊载，是以广告多寡与报纸销路，颇有因果。而执新闻纸业者亦不歧视之，善营新闻业者必精其内容，美其印刷，阅者既多，销行自广矣。

（乙）广告营业　用广告营业以维持报纸生活，此殆已成近日新闻社之公例。然如何使广告发达，则业新闻者固有所企望于普通社会上一切商业之蓬勃，非大商行必不能出巨资以刊广告。新闻纸乃从而受其影响，商业愈繁盛，商战将愈猛烈，为争求主顾之原因，自非大张其广告不可。新闻纸上广告既多，则无须于津贴，议论亦归于纯正，消息因亦求其灵确，销路既然广，广告遂亦臻上乘矣。

统见上述二者，实互相以为因果也。更普以言之，今日新闻社，大半集股以成，多属有限公司，则其商业性质，早已成立。年终则有红利，股票则有行市，谋其营业之拓展，自弗待言。其所以为商业化者，更非只述报纸销售广告营业之局部也。稍大规模之新闻社，更有附属，为代人印刷，代人铸字，此亦皆含有商业趣味，可以约而言之，新闻社之商业化，乃求其新闻纸发展之一种向上的进化也。

三　新闻之事实化

此为新闻纸之重要条件，自应翔实，似不待言。但近顷之新闻纸，往往所载仅为一消息为非事实，良足以淆乱听闻，而以"有闻必录"四字为遁词。在有新知识与道德之记者渠必不出此，渠所信者乃为"有问必查"，查其属实，然后录之。去取之间，非鲁莽可以将事也。（固亦有在言论不自由国家而用"有闻必录"四字以避政府干涉者。此系例外不在论例。）不确实新闻之由来有两点：

（一）探听错误，此种多半为访员之错误，并非存心，间亦消息不确实，再加以推测，更有千里之谬矣。故主笔对于访员信任与否，颇属重要关键，记者决非采集街谈巷议而可认为新闻。必得确实足以相信之点，方可执笔为记载之也。

（二）为有意捏造者，有意捏造之新闻，始不出两种原因：一为对于仇己之攻击，一为代某派之宣传。此种举动，初则若可猎得阅者之信心，仔细以考查，则大贬其价值。于是广告锐减，根本摇动矣。其所载消息颠倒隐匿，凡此等等，即其私人道德上亦有损伤也。世界交通，愈趋进化，探访新闻，较前愈易，则前项之错误或可以免矣。只须记者细心，必不致有何舛错。惟有意捏造之新闻，且愿花样翻新，用迷人目，此种伎俩，余甚愿不见诸今后之新闻报纸上也。

四　广告之艺术化

前论报纸之商业化，求其新闻详速，销路宏远，广告必增多，然论及广告之本体，则所求者"乃势力伟大"，所谓广告者，任何方法之宣传，能转移心理，引起注意，以达其目的也。因之广告更有六要。

（甲）**真实**　广告非一味夸大其词也，必求名副其实，广告中所述优点，必于其货品中一一见之。向例报纸时于广告不负责任，而有借广告以施其诈图，阅者弗知而黠者之计售。其他广告效力遂因而减色。若近顷发达之新闻纸。为纽约 N．y．world 等，刊载广告，且需一可信之保证，此之所谓真实，或可谓广告之新闻化欤。

（乙）**选字** 一字如何可以夺目，使阅者注意。

（丙）**造句** 一句宜长或宜短，终以猎得阅者注意为能事。此与上述选字一项，皆由新闻社之广告部司负其责，必求斑纯，必求老练，使阅者见之以为"此乃可爱之艺术品，非广告也"。然后其功竟矣。

（丁）**地位** 广告刊在报纸上，如何使人注目，则地位为一大问题也。今日我国之报纸，其广告刊例，不常有甲等乙等之分乎。此则别其封面或底页与附张，刊广告者必得引人注目之地位，始可收效。

（戊）**变换** 久则腐，久则腻，此恒情也。广告为求不腐不腻之故，当时常变换，或文字不同，或地位移异，使臻新颖，用夺人目。

（己）**附图** 恐文之无功，增画图以吸阅者之眼光，此亦广告中重要之成分不可忽也。上述六者，为义甚明，若能化成艺术，或有文学上之意味，非特尚美于一时，亦可见效于俄顷也。因广告与新闻甚有关系，特论及焉。

《报学杂志》

新闻学刊全集序言

黄子天朋嗜新闻学，主办新闻学刊，计出八期，内容精美，斐然有声。近更就所刊文字，选若干篇，分订八卷，合为《新闻学刊》全集，书既成，征序于余。

余惟新闻纸者，近代文明中势力最雄伟之物也。其力足以维持政府，亦足以倾覆政府；足以促进外交，亦足以破坏外交；足以造成一人之名誉事业，亦足以毁坏一人之名誉事业；足以激起一时之怒潮，亦足以惊醒世人之迷梦。君主遇之每多失其权，军阀遇之每多挫其势；名人一经其一致攻击，则倒如泰山压卵沸汤沃雪之易；秘密一经其详细披露，则如春雷一声，瞬息轰传于万里以外，乾坤震荡，无足以当其锋者。国民之政治思想，赖以养成；社会之道德智识，赖以涵育；思想之自由，赖以发扬；文明之基础，赖以奠定，其力诚莫与厚矣。

至此力之为祸为福，则全视人之运用如何，如能善用之，则新闻纸者，诚"社会之耳目也，国民之喉舌也，人群之镜也，文坛之王也，将来之灯也，现在之粮也"。如滥用之以颠倒是非，捏造黑白，无中生有，小事化大，则小之足以败坏个人名誉，使其见弃于家庭，见疏于朋辈，失其地位，身负恶名；大之足以使银行破产，公司倒闭，国会失其尊严，政府因而改组，甚至引起国内之政事，扰乱国际之和平。由上观之，新闻纸之势力愈大，则新闻记者之责任愈重，至为显然。新闻学者，以养成良好新闻记者，并导新闻事业于正轨为职志者也。斯学昌明，则人类受新闻事业之福，愈增其量，是斯学之重要可知矣。自民国七年北京大学创设新闻学研究会以来，国人对于斯学，渐加注意，近年以来，新闻界之各项改革，如采访之注重，编辑之改良，印刷进步等等，与当日该会所倡导者，均不无若干关系，该会本有《新闻周刊》之发行，惜仅出数期，即因五四运动停刊。今新闻学刊之内容，更见精彩，则此全集之发行，必更有裨益于国人对于学刊之研究。吾知中国新闻事业，亦必因此而益见进步矣。

民国十八年七月十九日　徐宝璜序（《新闻学刊全集》）

徐伯轩先生行状

先生讳宝璜，字伯轩，姓徐氏，江西九江人。幼而岐巍，七岁失怙，居丧哀毁如成人。就学于邑之文化学堂，试辄冠曹。年十二，依其世父子鸿公于京师，先后肄业于汇文中学校，北京大学校。子鸿公曾留学日本，与黄公克强等组织国民教育会，倡导革命；返国后，仍潜谋不懈。先生亲承謦欬，濡染至深，后日之热心党国，已树基于童年矣。中华民国元年，先生考取留美官费生，入米西庚大学习经济新闻等科，好学不倦，声誉日盛。三年子鸿公以众议院议员力抗袁氏罹难，先生闻耗痛不欲生，人以是愈多之。五年归国，北京大学校长蔡孑民先生闻其贤，聘为教授兼校长室秘书及新闻学会主任。九年蔡先生兼任民国大学校长，旋因事去国，复请先生代理民大校长。民大素无基金。惟恃募捐，先生奔走呼吁，勉力支撑，校务新有进展。十七年任盐务学校校长，是校辖于盐务署，校长之进退，往往视政局为转移，一岁数易，无能久于其位者；而校款仰给盐署，或不时支付，先生则力请于署长，指拨高线公司标价一款，以为基金，而是校之根抵始较前巩固。添置化验室，以重实习，而设备始渐臻完美；改订任用条例，以广出路，而学生始免用非所学之感。任事二年；殚精竭智，劳怨不辞，而先生之疾即伏于是矣。历任华盛顿会议外交后援会主任，全国财政善后委员会委员，第三中山大学劳农学院教授兼总务主任、北平政治分会秘书兼第三股主任、京华美术专门学校校长、北平大学、朝阳大学、中国大学、平民大学教授、北京大学经济系主任兼注册部主任。或偃偃从事，或循循善诱，著有《货币论》《新闻学》等书，见重士林。性和易而律己甚严，尝书铭座右以自励，素尚节俭，而不悋施与。十九年五月二十九日在北京大学授课，猝患晕厥，阅三日卒，享年三十七岁。元配文夫人早殁，继配蔡夫人，侧室梅氏，子四：厚仁，厚义，文出；厚尧，蔡出；厚舜，女一厚智梅出。余与先生共事大庠十有余载，良朋骤失，痛何如之，不辞固陋，而为之状，庶当世君子有所采焉！

中华民国十九年六月二十日　陈大齐谨状